NOTICE

HISTORIQUE ET GÉNÉALOGIQUE

SUR LA MAISON

D'ANTHENAISE

980 — 1878

NOUVELLE ÉDITION

ENTIÈREMENT REFONDUE ET COMPLÉTÉE

à laquelle sont jointes

SOIXANTE CHARTES (Texte et Traduction),

LA PLUPART INÉDITES

Et Quatre Tables Alphabétiques

par M. Bonneserre de Saint-Denis, paléographe

ANGERS

IMPRIMERIE LACHÈSE ET DOLBEAU

[illegible]

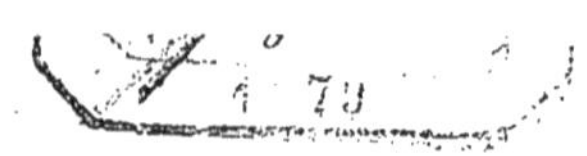

NOTICE

SUR LA MAISON

D'ANTHENAISE

NOTICE

HISTORIQUE ET GÉNÉALOGIQUE

SUR LA MAISON

D'ANTHENAISE

980—1878

NOUVELLE ÉDITION

ENTIÈREMENT REFONDUE ET COMPLÉTÉE

à laquelle sont jointes

SOIXANTE CHARTES (TEXTE ET TRADUCTION)

LA PLUPART INÉDITES

ET QUATRE TABLES ALPHABÉTIQUES

par M. BONNESERRE DE SAINT-DENIS, paléographe

ANGERS

IMPRIMERIE LACHÈSE ET DOLBEAU

1878

UN MOT SUR CETTE ÉDITION.

En 1843 le savant et consciencieux Lainé, successeur du chevalier de Courcelles, généalogiste du Roi, insérait dans le VIIIe volume de ses *Archives généalogiques et historiques de la Noblesse de France*, la première édition de cette Notice [48 pages in-8°].

Trente-cinq années se sont écoulées depuis, pendant lesquelles de nombreux documents ont été recueillis à nouveau, sur les D'ANTHENAISE, tant dans les dépôts d'Archives, qu'aux États Civils.

Classés, puis étudiés, ces documents ayant fait ressortir, d'une part, les regrettables lacunes, dont la Généalogie précédemment imprimée, était remplie, et, de l'autre, la nécessité d'y corriger maintes erreurs, tout en la complétant et l'augmentant, c'est alors que M. le comte d'Anthenaise a bien voulu nous charger de publier cette seconde Édition.

Devons-nous dire que nous avons accompli notre tâche avec tout le soin possible?...

Assurément oui!

Et l'ancienneté même — tellement exceptionnelle — des d'Anthenaise, remontant à l'an 980 par filiations suivies, était un stimulant qui certes ajoutait encore à notre désir de rendre plus intéressante, plus présentable, la Notice destinée à faire revivre leur passé.

Nous l'avons divisée en *trois parties :*

Dans la première, purement généalogique, viennent

chronologiquement se ranger les six Branches — dont une seule subsiste aujourd'hui — de cette noble Maison.

Dans la seconde sont placées et traduites — véritables *Instrumenta* — SOIXANTE CHARTES datées de 1070 à 1382, la plupart inédites, et provenues, notamment, des Cartulaires des Abbayes de : Champagne, Fontaine-Daniel, Marmoutier, Perseigne, Saint-Vincent du Mans, etc.; titres précieux pour l'histoire nobiliaire de l'Ouest de la France, en raison des faits variés qu'ils contiennent, et du grand nombre de personnages y figurant comme témoins.

Enfin, dans la troisième se trouvent les Tables alphabétiques suivantes :

1° Table des Matières ;

2° Table, par Prénoms, de tous les d'Anthenaise ;

3° Table des Familles ayant contracté Alliance avec eux;

4° Table des Fiefs qu'ils ont possédés;

5° Table des Personnes citées, autres que celles qui leur sont alliées.

On pourra donc, à l'aide de ces Tables, rencontrer de suite tous les renseignements qui feront besoin dans cet opuscule, au lieu de perdre, et souvent sans résultat, un temps assez considérable à les y chercher.

B. DE ST-D.

Angers, 10 juin 1878.

NOTICE
SUR LES D'ANTHENAISE

Chevaliers bannerets, Barons et Comtes

Seigneurs D'ANTHENAISE, DE BAZOUGERS, DE BOUÈRE, DE NUILLÉ, LA MOTTE-ACHARD, LA CANTIÈRE, CHAOURCHES, NOYEN, MONTORTIER, DE RUILLÉ-LE-GRAVELAIS, DE LA VALLÉE, DU PLESSIS-ANTHENAISE, DE BEAULIEU, DE VILLERAY, DE LA TANNIÈRE, DU FRESNE, DU PORT-JOULAIN, DE LA BIGNE, DU PETIT-BOIS, DE ROUILLY, D'OUVILLE, DE LA PITELLERIE, DE LA JAILLE-YVON, DE MONTGUILLON, DE LANDIFER, LA TOUCHE, LA CHARROUILLÈRE, LA SAUVAGÈRE, LA BÉRARDIÈRE, LE DOUET-ARTHUS, LA RALLIÈRE, LA COUR DE SAINT-PHILBERT, LA BOULAIE, LA FONTAINE, BOIS-GIRAULT, LE FOUGERÉ, etc., etc.,

au Maine, en Anjou, Touraine, Bretagne et Normandie.

(Voir, pour l'ensemble des Fiefs, la IVe Table.)

PREMIÈRE PARTIE.

LA MAISON D'ANTHENAISE.

Cette Maison tire son nom (1) d'une terre considérable située dans la baronnie de Laval, au Maine (2). Le château, l'église et le bourg d'Anthenaise furent fondés par ses auteurs, dans les xe et xie siècles. Leurs possessions, qui s'étendaient dans un rayon de plus de 24 kilomètres, de

(1) Ménage, *Histoire de Sablé* (p. 166), et Cauvin, en sa *Géographie ancienne du diocèse du Mans* (p. 12), donnent quelques variations du nom d'Anthenaise dans les actes latins et français; mais elles sont nombreuses surtout dans les chartes latines que nous avons tirées des Cartulaires; ainsi : *de Altanosa, de Altanoesa, de Altanoisa, de Altanausia, de Altanasia, de Altanosia, de Altanoysia, de Altanoisia, de Altenesa, de Altenesia, de Altenosia, de Altenoisia, de Altinesia, de Altonesa, de Altonoisia, de Altonosia, de Autonausia, de Autonoisia*, etc., dont on a fait, premièrement, *d'Autenoise* et *d'Autenaise* [DE HAULTE NOISE], puis ensuite, par le changement de l'*u* en *n*, *d'Antenoise, d'Anthenaise, d'Antenaize, d'Antenayse, d'Anthenayze, d'Anthenaize*, et généralement *d'Anthenaise*, à partir du xvie siècle.

(2) Cauvin, un des auteurs les plus consciencieux et les plus érudits

Montortier à Beaulieu et Ruillé-le-Gravelais, vers la frontière de Bretagne, et du même point à Bazougers et à Bouère, non loin de la frontière d'Anjou, en faisaient une des familles les plus puissantes après les sires de Laval, de Mayenne, de Craon et de Château-Gonthier, et les vicomtes de Beaumont.

Dans les temps où le zèle religieux portait les princes et la haute noblesse à fonder les communautés, les abbayes, et à les combler de bienfaits, les seigneurs d'Anthenaise imitèrent cet exemple avec une grande libéralité. Ils donnèrent les églises d'Anthenaise et de Bazougers au monastère de Saint-Vincent du Mans, puis accordèrent de grands biens et priviléges, dans leurs domaines, à ceux de Marmoutier de Tours et de la Couture, ainsi qu'au Chapitre du Mans (1).

Les sires d'Anthenaise étaient *bannerets* (2). Ils prirent part aux croisades sous Louis le Jeune et Philippe-Auguste, après avoir contribué, vers la fin du règne de Philippe Ier, à la guerre qui affranchit le Maine de la domination des Normands.

Il résulte d'un aveu et dénombrement rendu au roi Charles VI par Pierre de Savoisy, évêque du Mans, le

---

qui aient écrit sur le Maine, le constate en ces termes : « La *Chapelle-Antenaise*, paroisse de l'archidiaconé de Sablé, du doyenné de Sablé, au delà de l'Ouette, au N.-N.-O. d'Argentré. Elle a donné son nom à une ancienne famille du pays. » (*Géographie ancienne du diocèse du Mans*, 1845, p. 12.)

(1) Voir les chartes reproduites dans la IIe partie de cette Notice.

(2) Fréron, l'illustre critique qui fit à Voltaire, et à tous les philosophes, une si rude guerre, a parlé dans les termes suivants des chevaliers bannerets :

« Au temps du roi saint Louis — explique-t-il — les chevaliers qui n'étaient pas assez riches pour lever bannière, étaient qualifiés de *pauvres hommes*. Ce titre ne les dégradait pas; et malgré la haute opinion que l'on a aujourd'hui de la qualité de *riche*, il ne doit pas les avilir à nos yeux. Combien de familles opulentes et illustrées seraient flattées et honorées de pouvoir prouver qu'elles descendent d'un de ces *preux chevaliers*, à qui l'on ne donnait, du temps de saint Louis, que la qualité de *pauvre homme!* » (*L'Année littéraire*, 1763, t. I, pp. 8 et 9.)

Le banneret avait *toujours* le pas sur ceux n'ayant bannière, et comptait cinq hommes à sa suite; les autres n'en pouvaient amener que trois. — Cauvin confirme aussi ce fait, que les sires d'Anthenaise étaient

23 janvier 1394 (*v. st.*), que les *barons* (1) d'Anthenaise étaient des premiers vassaux de cet évêché, avec les vicomtes de Beaumont, les sires du Breil, de Belin, de Montfort, de Vaux-lez-Yvré, de Sillé-le-Guillaume, de Neuville-sur-Sarthe et de Montdoubleau. Tous ces seigneurs, chacun selon les conditions d'investiture de son fief, avaient des droits soit réels, soit honorifiques, dépendants de l'église du Mans. Lors de l'entrée solennelle de l'évêque, tous concouraient à transporter le prélat depuis le lieu de Saint-Ouen jusque dans sa cathédrale; et les diverses choses à son usage, pour cette cérémonie et le repas qui la terminait, leur revenaient par droit féodal. Le même aveu de 1394 porte que les touailles [serviettes] qui avaient été mises sur la table, appartenaient au sire d'Anthenaise. (Le Corvaisier, *Histoire des évêques du Mans*, 1648, pp. 621, 622.)

La Maison d'Anthenaise a formé six Branches :

1° L'Ainée, qui avait réuni les domaines de trois familles également anciennes et illustres, celles de Bazougers et de Bouère, au Maine, puis de Chaourches, en Touraine, prit fin vers 1260. La maison de Chamaillart en recueillit tous les biens, qu'elle porta, avec la vicomté de Beaumont, en 1371, par un mariage, dans la branche des comtes d'Alençon, du sang de France, d'où ils passèrent aux Bourbon-Vendôme, en 1513;

2° La Branche du Plessis, qui joignit son nom d'Anthenaise à celui de cette terre, dont elle fut apanagée vers 1200; elle a disparu en 1642;

3° Celle de Villeray et de Rouilly, éteinte en 1802;

---

bannerets : « Chopin, écrit-il, donne le titre de châtellenie à la terre de la Chapelle-Antenaise. Sous le règne de Philippe-Auguste, Savary d'Antenaise portait *bannière.* » (*Géographie ancienne du diocèse du Mans*, 1845; Appendice, p. 622.) — Le titre de chevalier banneret, selon les historiens de la Bretagne, vient de cette province, où il était uniquement réservé à la plus puissante noblesse, à celle ayant droit d'assembler ses vassaux sous sa bannière, dont la forme carrée fut adoptée par toute la France.

(1) Ainsi qualifiés dès 1090, voir ci-après pages 16 et 41.

4° Celle DE LA PITELLERIE, qui finit avec le XVIIIe siècle;

5° Celle DU PORT-JOULAIN, dont l'extinction eut lieu vers 1750;

6° Celle DE SAINT-PHILBERT, la seule qui subsiste aujourd'hui.

Ces diverses Branches se sont toujours très-bien alliées, notamment avec les maisons : *de Sablé*, *de Pressigny*, *de Sillé-le-Guillaume*, *de Champagne*, *de Montbazon*, *de la Ferté*, *de Bouillé*, *de Froulay*, *de Langan*, *de Maillé-la-Tour-Landry*, *de Montjean*, *de Charnacé*, *d'Andigné*, *de Montesson*, *de Barrin*, *de Contades*, *de Rougé*, *de Rochetaillée*, *d'Estutt d'Assay*, *de Pérusse des Cars*, etc., etc.; comme du reste on peut voir en consultant la *Table alphabétique des Alliances*, dans la IIIe partie de cette Notice.

La Généalogie qui va suivre a été établie pour les Xe, XIe et XIIe siècles, d'après divers Cartulaires dont nous reproduisons plus loin — IIe partie — soixante chartes, et d'après les Archives du Maine, de la Touraine et de l'Anjou. Pour les temps postérieurs, elle est justifiée par des jugements de maintenue de noblesse, rendus par les Intendants de Tours et d'Alençon, et la Chambre de réformation de Bretagne, sous Louis XIV; et par plusieurs preuves faites devant MM. d'Hozier, pour des admissions aux Pages de la Reine, en 1733 et 1761, preuves existant, en expéditions certifiées, dans les archives de la Famille.

(6 *bis.*)

ARMES DE LA MAISON D'ANTHENAISE.

Les Armes ici figurées, se blasonnent comme suit :

ÉCU. — *Écartelé ; cantons 1 et 4 : d'Argent à l'aigle à deux têtes, au vol abaissé ; cantons 2 et 3 : Vairé d'or et de gueules, de cinq tires ; sur le tout : Bandé d'argent et de gueules, de huit pièces.*

TIMBRE. — Couronne de Comte.

CIMIER. — Une Aigle essorante.

SUPPORTS. — Deux Aigles au vol abaissé. Le tout posé sur deux Bannières en sautoir, qui sont : *d'Argent à trois jumelles de gueules, en bande.*

NOTA.

Diverses substitutions d'armoiries ont eu lieu, depuis le XIe siècle, chez les d'Anthenaise, toutes justifiées par des titres certains. L'*Aigle à deux têtes* fut leur écu primitif ; le *Fuscé nébulé de six pièces*, et le *Vairé de cinq tires*, appartenaient aux Maisons de Bazougers et de Bouère, dont ils recueillirent les fiefs, dans le XIe siècle et le XIIe. Amauri d'Anthenaise, auteur de la Branche du Plessis-Anthenaise, adopta vers 1200, non pas l'écu *d'Argent à la croix de gueules cantonnée de quatre roses du même,* que lui prêtait en 1690, et fort erronément, l'auteur de la *Généalogie manuscrite de la maison de Quatrebarbes,* mais, au contraire, il adopta : *Trois jumelles de gueules, en bande, sur champ d'argent,* armes qui figurent encore dans les vitraux de la Trinité d'Angers, accolées à celles de Michel, seigneur de Jonchères, époux, en 1350, de Colonie d'Anthenaise. Enfin les Branches de Rouilly et de la Pitellerie portaient, en 1698 : *Bandé d'argent et de gueules, de six,* puis de *huit pièces.* La Branche du Port-Joulain, et celle de Saint-Philbert, la seule maintenant existante, s'armaient : *d'Argent à trois jumelles de gueules, en bande.* Ce fut donc par erreur qu'en 1828, lors de l'érection de la terre de Saint-Philbert en majorat au titre de Comte, l'écu *Bandé d'argent et de gueules, de huit pièces,* fut mentionné dans les lettres patentes.

GÉNÉALOGIE.

I

BRANCHE AINÉE.

I. *Guillaume,* seigneur D'ANTHENAISE, vivait en 980, il assista à la fondation, faite par Gui d'Avoise, du prieuré d'Auvers-le-Hamon (appelé aussi prieuré d'Avoise), au temps de Sigefroi, évêque du Mans (décédé en 994), et fut présent avec ce prélat, et plusieurs seigneurs des plus considérables du pays — Robert d'Entrames, Henri de Pezé, Robert de Fercé, Herbert d'Aveines, Lisandre d'Aunières, Foulques de Chevillé, etc. — à une charte de Hugues Ier, comte du Maine, d'environ 990, par laquelle le prince approuva la donation que ce Gui d'Avoise fit du prieuré d'Auvers à l'abbaye de la Couture. (Le Corvaisier, *Histoire des évêques du Mans*, p. 327; et Ménage, *Histoire de Sablé,* p. 166.) Guillaume d'Anthenaise eut, entre autres enfants :

1° *Gauscelin,* dont l'article suit :

2° *Robert,* qui vivait vers 1066, et dont paraît issu :

Aymeric, qui fut présent, vers l'an 1100, à la charte d'une donation faite aux religieux de l'abbaye des saints Vincent et Laurent, du Mans, martyrs, par Hamelin d'Anthenaise, avec le consentement de Domitelle, sa femme, et de Galebrun et Renaud, leurs fils. (*Cartul. de Saint-Vincent du Mans,* t. I, fol. 191.)

II. *Gauscelin*, seigneur D'ANTHENAISE, de Nuillé, etc., naquit à la fin du xe siècle. Ce fut lui qui fit bâtir l'église d'Anthenaise, vers 1050 (1), pour y déposer des reliques, ainsi qu'on l'apprend d'une charte de son fils

(1) En 1050 il signa, comme témoin, la charte portant donation du prieuré d'Auvers-le-Hamon, à l'abbaye de la Couture, du Mans. (Cauvin, *Géographie ancienne du diocèse du Mans,* p. 13.)

Hamelin, d'environ 1075, rapportée sur le degré suivant. Gauscelin fit don de l'église de Sainte-Marie d'Anthenaise à l'abbaye de Saint-Vincent du Mans; ce que rappelle implicitement une bulle du pape Eugène II, du 4 des ides [le 10] d'avril 1153, par laquelle on voit que les églises d'Anthenaise (*de Altanoesia*) et de Saint-Victor de Bazougers, faisaient partie de celles dépendantes de cette abbaye. (*Cartulaire de Saint-Vincent du Mans*, t. II, fol. 44.) Gauscelin d'Anthenaise (*de Altanoisa*) assista avec Gautier Tyrel, Haimon de Laval, fils de Gui II, Burchard de Chaourches, Lisiard d'Auvers, Rivallon de Dol, Richard, vicomte d'Avranches, Ranulfe, vicomte de Bayeux, etc., à un plaid tenu au château de Domfront, par Guillaume, *comte* de Normandie (qui avait succédé à Herbert II, comte du Maine, mort en 1602). A ce plaid assistaient Eudes, évêque de Bayeux, et Jean, évêque d'Avranches. On y termina en faveur de l'abbaye de Marmoutier, contre l'abbaye de Saint-Pierre de la Couture, une contestation au sujet d'un bourg (lieu fortifié) que les religieux de Marmoutier avaient élevé dans une terre que Gui II, sire de Laval, leur avait donnée, et que les moines de la Couture disaient dépendre de leur prieuré d'Auvers. (*Cartul. de Marmoutier*, t. II, fol. 5.) Gauscelin *de Altanausia* et ses fils, *Hamelin* et *Herbert*, confirmèrent, comme seigneurs dominants, la donation faite au monastère de Saint-Vincent du Mans, par Geoffroi de Cataglande, de l'église de Nuillé. Gauscelin et ses fils autorisèrent aussi les acquisitions que le couvent pourrait faire à raison de cette église, et donnèrent aux moines un emplacement pour construire une maison et un jardin; enfin ils leur abandonnèrent la viguerie, le ban et les coutumes qu'ils avaient sur les choses cédées. C'est ce qu'on apprend d'une charte de 1069 environ, où l'on voit que Gauscelin fut admis au bénéfice des prières du couvent, et qu'à raison, sans doute, de son droit d'amortissement, il reçut des moines, 100 sous, et son fils Hamelin, 7 sous. Cette donation fut faite vers l'époque où mourut Guillaume Ier, abbé de Saint-Vincent du Mans, car l'abbé Renaud, qui fut son successeur en 1070, vint à la Motte-Achard prier Gauscelin et ses fils, Hamelin et Herbert, d'en confirmer la charte; ce à quoi ils consentirent. (*Cartul. de Saint-Vincent du Mans*, t. I, fol. 193.) Gauscelin d'Anthenaise avait épousé, vers 1035, Agnès, dame de BAZOUGERS (1). On voit par des lettres d'Hildebert, évêque du Mans, d'environ 1109, que ce prélat ayant acquis des petits-fils d'Agnès de Bazougers des terrains provenant de cette dame, et qu'ils lui vendirent avec le consentement de Domète, leur mère, en concéda une partie à Gradulfe, son chancelier. (*Cartul. du Chapitre du Mans*, fol. 26.) Du mariage de Gauscelin d'Anthenaise et d'Agnès de Bazougers sont issus, entre autres enfants :

DE BAZOUGERS : Fascé nébulé, de six pièces.

1° *Hamelin*, Ier du nom, qui suit;

2° *Herbert*, nommé aussi *Hubert*, et surnommé *Burdinus*. Gauscelin, son père, avait donné l'église d'Anthenaise au monastère de Saint-Vincent, avec le consentement d'Hamelin, son fils aîné. Hubert, qui n'avait point approuvé cette donation, mit l'église sous sa main, à la mort de son père. Quelques années après, Hubert, se trouvant à Montsurs atteint d'un mal au pied, fut visité par son frère Hamelin et par Albert, moine de Saint-Vincent du Mans, qui demeurait alors à Bazougers. D'après leurs sollicitations et les conseils de Gui de Bray, cousin d'Hubert, ce dernier consentit à restituer l'église et à confirmer la donation que son père en avait faite aux moines de Saint-Vincent. Et comme la dot de Mathilde, femme d'Hubert, était assise sur cette église que son mari tenait en fief d'Hamelin, son frère aîné, Hubert promit, sous la caution de Hugues de Torcé, d'autres biens en échange pour garantir la dot. Par cette charte, d'environ 1080, il abandonna donc, avec l'église d'Anthenaise, le cimetière, la viguerie, le ban et toutes les coutumes. (*Cartul. de Saint-Vincent du Mans*, t. I, fol. 191.)

---

(1) Depuis l'époque où l'héritière de Bazougers, fief de la maison des vicomtes de Beaumont et de Sainte-Suzanne, a porté cette terre dans la Maison d'Anthenaise, il s'est formé une branche de Bazougers, *qui paraît être sortie de cette Maison* et n'a subsisté qu'un siècle environ. Rappelons-la sommairement :

Mainard de Bazougers apparaît vers 1090 dans une charte d'Herbert de la Mauricie, confirmative d'une donation faite par Gui de la Bruyère à l'abbaye Saint-Vincent du Mans. (*Cartul. de cette abbaye*, t. I, fol. 281.)

Geoffroi de Bazougers fut présent à une charte, d'environ 1090 par laquelle Hugues, fils de Salomon, abandonna les prétentions qu'il avait élevées contre les moines de Saint-Vincent du Mans, en raison des choses que ceux-ci tenaient d'Hamelin, à Bazougers. (*Cartul. de Saint-Vincent*, t. I, fol 179.) Le même jour qu'Hamelin d'Anthenaise renonçait, en

III. *Hamelin*, Ier du nom, seigneur D'ANTHENAISE, de Bazougers, de Nuillé, de la Motte-Achard, etc., et connétable de Laval, dont il empêcha le château de tomber aux mains d'Amaury de Craon, qui avait tenté de s'en emparer par surprise (*Mémorial de la Mayenne*, t. I, p. 169). Ce personnage naquit vers 1040 et succéda à son père vers 1072. Imitant sa libéralité à l'égard du monastère Saint-Vincent du Mans, il lui fit don, à cette même époque, de l'église de Bazougers, avec le presbytère, le cimetière et toutes les dépendances, à la réserve de la moitié de la dîme, et sous la condition que les moines élèveraient un bourg (lieu enceint et fortifié) sur la terre située près de l'église, terre qu'il comprit dans cette donation, afin que le couvent pût profiter des coutumes et revenus qui en proviendraient. De plus, Hamelin affranchit les moines du droit d'amortissement pour tout ce qu'ils pourraient acquérir, à

---

faveur desdits religieux, à tout droit sur le cimetière de Bazougers, un chevalier dudit Hamelin, nommé Raoul *de Pirariis,* qui devait partir avec lui en Angleterre (1099), concéda sa vie durant, aux moines de Saint-Vincent, le tiers des dîmes de l'église de Bazougers, et leur légua, pour les posséder perpétuellement après sa mort, toutes celles auxquelles il pouvait prétendre; et ce, du consentement d'Hamelin, son seigneur. (*Cartul. de Saint-Vincent,* t. I, fol. 190.)

Hamelin de Bazougers (qui paraît être le même qu'Hamelin d'Anthenaise, cité dans la charte précédente) consentit, vers 1105, à l'abandon que fit Raoul *de Pireis* au couvent Saint-Vincent du Mans, en y prenant l'habit religieux, des deux tiers qu'il avait dans les dîmes de sa terre de Bazougers, ayant donné l'autre tiers lorsqu'il était laïc (ces termes de la charte rappellent la donation ci-dessus). Sizilie, femme de Raoul, consentit d'abord à cette donation, puis éleva plus tard des difficultés pour un bordage, en échange duquel Raoul lui donna un champ; ce qu'Hamelin de Bazougers et ses fils, approuvèrent. (*Id.,* fol. 180.)

Herbert et *Robert de Bazougers* sont nommés dans les chartes de donations faites à l'abbaye de Saint-Vincent, au temps de l'abbé Ranulfe, vers 1100, par Hervé de Braviard. (*Id.,* fol. 245, 253.)

Hugues de Bazougers céda aux frères de la communauté de Bazougers une portion du cimetière de ce lieu, vers 1107, du vivant de l'abbé Guillaume. (*Id.,* fol. 188.)

Robert de Bazougers, sous-cellerier du monastère de Saint-Vincent, paraît dans deux chartes souscrites entre les années 1150 et 1160. (*Id.*, fol. 356, 367.)

titre gratuit ou onéreux, dans ses domaines, et leur permit de vendre et d'aliéner dans la paroisse de Bazougers, de manière, cependant, qu'il ne perdît pas les services qui lui étaient dus sur les fiefs. Cette charte fut faite à Laval (1), en la maison d'Ascelin, frère d'Alesme, sénéchal d'Haimon, seigneur de Laval (celui-ci gouverna de 1067 à 1080 cette seigneurie), maison dans laquelle *Adélaïde*, première femme de Hamelin *de Altanosia*, était en couches. Les moines, pour rendre cette donation irrévocable, comptèrent à Hamelin d'Anthenaise, 20 livres, et 7 à sa femme, qui approuva le don. (*Cartul. de Saint-Vincent du Mans*, t. I, fol. 177, 178, 186.) Gui II, sire de Laval, avait établi, pour être commun entre lui et les moines du monastère de Marmoutier, un droit de foire annuelle à la Saint-André, dans une terre que ces moines possédaient à Laval. Haimon, son fils et successeur, voulut revenir sur la part des religieux ; mais, à la prière du moine Jean (son frère), il confirma, vers 1072, en présence d'Hamelin *de Altanoisa* et d'Herbert, son frère, la concession ainsi faite par son père. (*Cartul. de Marmoutier*, t. III, fol. 9.) Hamelin d'Anthenaise ne dut point rester étranger aux longs efforts que firent les Manseaux pour s'affranchir de la domination normande. Guillaume le Bâtard, roi d'Angleterre, étant venu secourir les Normands (1083), que les seigneurs manseaux, et particulièrement Hubert, vicomte de Beaumont, avaient chassés d'un grand nombre de places, Hamelin, crainte qu'ils n'enlevassent les reliques déposées par son père dans l'église d'Anthenaise, les fit transporter à Bazougers. Lorsque la paix fut rétablie avec Guillaume (1085), il les rapportait pompeusement à Anthenaise et, pendant cette solennité, engageait Roscelin de Vallières, un de ses vassaux, à gratifier les moines de l'abbaye Saint-Vincent de la moitié de l'autel de l'église d'Anthenaise ; puis Oger le Tanneur leur donnait, par la même charte, la dîme de la moitié de la vigne de Champagné, et Gautier, fils

(1) Cauvin, d'après Ménage (*Histoire de Sablé*, p. 166), dit que ce fut en 1066.

de Morchène, cédait l'autre partie de l'autel. (*Cartul. de Saint-Vincent du Mans*, t. II, fol. 189.) Hamelin d'Anthenaise avait épousé en secondes noces, vers 1075, *Domète* ou *Domitelle*. Cette dame ratifia le don fait aux moines de Saint-Vincent par Hadvise, veuve de sire Auger, du tiers de toutes ses dîmes pour servir à l'achèvement de l'église Saint-Victor de Bazougers, et devenir ensuite la pleine propriété des moines. Cette charte fut passée à Bazougers, vers l'an 1080. (*Id.*, fol. 181.) Sur la fin de ses jours, Hamelin, seigneur de Méral et d'Astillé, avait fait des donations aux moines d'Astillé et prié les sires de Laval et de Craon, de les autoriser, puis de prendre *Jeanne* et *Domitelle*, ses deux filles, sous leur protection. Vivian Ragot, mari de l'une d'elles, ayant inquiété les moines d'Astillé dans les biens légués par son beau-père, fut appelé à comparaître en la cour de Gui de Laval. Ce seigneur et ses *barons*, au nombre desquels étaient Hugues de Mathefelon, Hamelin *de Altonesa*, Cyrus de Buignon, Wibert de Loiron et Suard de Méral, condamnèrent, en 1090, Vivian Ragot à restituer à ces religieux ce qu'il leur retenait injustement. Celui-ci, irrité de la sentence, mit le feu à l'église d'Astillé, et brûla la bibliothèque des moines. Frappé d'excommunication par l'évêque du Mans, il finit néanmoins par rendre les biens réclamés. (*Cartul. de l'abbaye de Saint-Serge d'Angers;* Ménage, *Histoire de Sablé*, p. 110.) La donation de l'église de Bazougers aux religieux de Saint-Vincent avait été faite sous la condition qu'ils entoureraient leur bourg, d'un bon fossé, précaution non moins utile pour protéger les biens des moines, que pour en marquer les limites. Cependant, telles représentations que Hamelin leur eût adressées à ce sujet, ils s'étaient refusés à remplir cette obligation, disant : « Notre ministère nous défend d'élever des fortifications ; l'exiger, serait aussi injuste, qu'inconvenant. » Certain dimanche, toutefois (vers 1092), Hamelin *de Altanoisa* leur manda par Raoul *de Piris* et Raoul Chaussée, son viguier, qu'ils eussent à établir les fossés ou à lui livrer le cheval de Daniel de la Valette, sinon, à paraître devant des juges. Mais eux, ne voulant ni plaider contre lui, ni provoquer sa colère, le vinrent trouver en passant par une maison où étaient leurs chevaux; et tandis qu'il se reposait, assis sur une barque avec ses chevaliers, ils lui donnèrent, à la condition que tout différend serait terminé, le cheval de Daniel de la Valette, qu'ils avaient acheté 60 sous (*Cartul. de Saint-Vincent du Mans*, t. I, fol. 187.) Hamelin percevait un péage, à la Motte-Achard, sur les draps, le poisson, la viande et autres choses à l'usage des religieux de Marmoutier. A la prière de ces religieux, et avec le consentement d'Hélie [de la Flèche], comte du Maine, il leur fit l'abandon, vers 1095, de ce péage, et partagea avec eux, en retour, la propriété du fief sur lequel il était perçu. (*Cartul. de Marmoutier*, t. II, fol. 445.) Il fut aussi présent, vers la même époque, avec Geoffroi d'Anjou et Gautier de la Fontaine-Saint-Martin, à la donation que Gervais de Domfront fit, aux moines de Saint-Vincent du Mans, d'un droit de pâturage dans sa forêt de Blavon. (*Cartul. de Saint-Vincent,* t. I, fol. 252.) Du reste les griefs d'Hamelin contre les religieux de Saint-Vincent, n'étaient qu'apaisés, et se ranimèrent, au point qu'il songea à leur retirer l'église de Bazougers pour la donner à l'abbaye de Saint-Pierre de la Couture. Cependant Hoël, évêque du Mans [de 1080 à 1099], tant par l'influence de ses fonctions que par ses moyens persuasifs, parvint à le décider à maintenir et confirmer les religieux de Saint-Vincent dans la possession de tout ce qu'il leur avait octroyé, et, de plus, à y joindre la dîme de son four. Et ceux-ci lui comptèrent, pour son acquiescement, 10 livres de monnaie du Mans, et firent don à *Domitelle,* sa femme, d'un très-beau cheval tacheté, valant aussi 10 livres. La charte de cette donation fut déposée par Hamelin *de Altanosia* sur l'autel de Saint-Vincent, puis confirmée dans l'église de Bazougers, en présence de l'abbé Ranulfe et de plusieurs témoins. Domitelle, sa femme, puis ses trois fils — *Hélie,* surnommé *Galebrun*, *Renaud*, surnommé *le Bouc,* et *Hugues* — la ratifièrent, ainsi que Clérambauld de Montfromery. (*Cartul. de Saint-Vincent,* t. I, fol. 185.) Vers la même époque, Hamelin fut l'un des juges de la cour de Gervais, seigneur de

Château-du-Loir, qui prononcèrent sur une contestation pendante entre les religieux de l'abbaye Saint-Vincent du Mans et Hubert, fils d'Aucher de Châteaux, au sujet de la possession d'une terre (*Cartul. de Saint-Vincent,* t. I, fol. 115.) En 1099, après d'inutiles efforts pour réduire le comte Hélie dans le château du Loir, Guillaume le Roux, roi d'Angleterre, rappelé en ce pays par des affaires pressantes, emmena avec lui l'évêque Hildebert, sur le refus persévérant qu'il lui faisait d'abattre les tours de son église, qui avaient servi aux Manseaux dans leur révolte. Plusieurs seigneurs du pays accompagnèrent le prélat en Angleterre. Hamelin d'Anthenaise fut du nombre. Avant son départ il se rendit à l'abbaye de Saint-Vincent, confirma les donations qu'il lui avait faites, et obtint des religieux qu'on y célébrerait pour lui soixante messes; charte que son épouse approuva. (*Id.,* fol. 177, 178.) Guillaume le Roux étant mort en 1100, Henri Ier, son successeur, fit la paix avec les Manseaux, et Hamelin d'Anthenaise revint d'Angleterre avec l'évêque Hildebert. Il mourut vers 1106, laissant de Domète sa seconde femme, qui lui survécut :

1° *Hélie,* surnommé *Galebrun,* dont on va parler;

2° *Renaud,* surnommé *Hircus;*

3° *Gaido;*

4° *Foulquerand,* Ier du nom (1);

5° *Savari,* Ier du nom (2). Un seigneur nommé Geoffroi, fils de Roscelin, en faisant recevoir son fils Guernaud religieux au couvent de Saint-Vincent du Mans, confirma toutes les donations qu'il avait faites à ce monastère, et y ajouta la cession d'une dîme. Cette donation fut approuvée vers 1110 par Galebrun, seigneur de Bazougers, Savari, son frère, *adhuc paganus* (3), et

(1) (2) *Fulcrandus* et *Savaricus de Altonoisia,* son frère, donnèrent sous l'épiscopat de Guillaume de Passavant [1145-1187] l'église de Bazougers à l'abbaye de Saint-Vincent du Mans. (Cauvin, *Géographie ancienne du diocèse du Mans,* p. 13 ; *Cartul. de Saint-Vincent,* fol. 10.)

(3) Ces expressions semblent indiquer que Savari n'était pas encore baptisé.

Domète, leur mère. (*Cartul.de Saint-Vincent*, t. I, fol. 182.) Savari d'Anthenaise — paraît avoir laissé entre autres enfants :

A. *Henri*, B. *Raoul*, compris dans le rôle des seigneurs qui se croisèrent en 1158, avec Geoffroi IV, seigneur de Mayenne (Ménage, *Hist. de Sablé*, p. 179; le Paige, *Dictionnaire du Maine*, t. II, p. 299);

C. *Hersende*, femme de Robert, baron *de Sablé*. Ils vivaient en 1151 (Ménage, *ibid.*);

6° *Hugues*. Il fut témoin à la donation que fit au monastère de Saint-Vincent, vers l'an 1100, Burgondion, fils de Vital le Clerc, de Tuffé, de tout ce qui lui appartenait sur les moulins de Tuffé (*id.*, p. 89);

7° *N... d'Anthenaise*, mariée avec N..., seigneur *de Pressigny*, en Touraine, dont :

Une fille, dame de Pressigny, mariée avec Foulques *de Loudun*, qu'elle rendit père de :

A. *Geoffroi de Loudun*, chevalier banneret;

B. *Guillaume de Pressigny*, marié en 1190 avec Avoie, dame *de Sainte-Maure*, et auteur de la seconde maison de Sainte-Maure. (La Chenaye des Bois, *Diction. de la Noblesse*, t. XII, p. 464.)

IV. *Hélie*, surnommé *Galebrun*, seigneur D'ANTHENAISE, de Bazougers, de Nuillé, de la Motte-Achard, etc., eut à peine succédé à son père, que Guillaume, abbé de Saint-Vincent du Mans, vint le trouver à Bazougers pour le prier de restituer à son monastère une portion du cimetière de ce lieu, contiguë à son château et sur laquelle il avait construit les maisons de ses bourgeois. Quoique cette réclamation pût souffrir des difficultés, par le refus qu'avaient fait les moines d'établir à leurs frais un fossé qui eût précisé les limites des terrains cédés par Hamelin d'Anthenaise, Galebrun l'accueillit avec bienveillance. Il donna une ouche de terre située près le domaine des moines, et leur accorda une autre portion du cimetière sise à la droite de l'église de Bazougers, pour y élever des maisons, et en disposer selon leur volonté. De plus, il confirma toutes les donations que son père leur avait faites dans son fief, confirmation à laquelle concoururent *Gaïdo*, son frère, et *Domète*, leur mère, aussi furent-ils admis au bénéfice des prières du couvent. (*Cartul. de Saint-Vincent du Mans*, fol. 181.) La possession des églises par les seigneurs laïcs avait été, dans l'origine, une nécessité d'état consacrée par Charles-Martel. Lorsque ce prince eut à lever des armées pour repousser les Sarrasins, qui avaient envahi la France, la plus grande partie des propriétés foncières étant possédée par le clergé, il fut contraint de saisir bon nombre de ces biens, et de les aliéner, pour pouvoir solder ses troupes. Or, le clergé n'avait jamais regardé comme légitime, cette aliénation faite au profit de la noblesse, et tous ses efforts, toutes ses exhortations tendaient à rentrer en possession. La ferveur religieuse, qui dominait dans les XIe, XIIe et XIIIe siècles, lui était très-favorable, aussi presque toutes les églises lui furent rendues avec les biens qui en dépendaient. Mais les familles qui avaient eu et transmis ces choses, pendant plusieurs siècles, ne les cédaient point sans des réserves réelles ou honorifiques, qui n'étaient pas toujours scrupuleusement observées. Il n'en fallait pas davantage pour réveiller le regret de ces aliénations considérables, et soulever de longues et vives contestations. La dernière qui eut lieu entre Galebrun et les moines de Saint-Vincent, paraît avoir éclaté à la mort d'Hubert Doyen (vers 1108). Celui-ci possédait quelques droits dans l'église de Bazougers — le presbytère, la terre et ses dépendances — droits réservés par Hamelin, et que les moines disaient leur revenir intégralement après sa mort, pour en jouir à perpétuité. Dans la chaleur du débat, Galebrun avait révoqué toutes les donations de son père. Il revint cependant sur cette violence injuste, et passa avec les moines une transaction par laquelle il leur abandonna la part qu'il avait dans la dîme et les prémices de l'église de Bazougers, ainsi que le presbytère, pour être, le tout, possédé par eux comme Hubert l'avait possédé. En retour, les moines lui cédèrent la terre dépendant du monastère, et lui versèrent 30 livres monnaie du Mans (1);

(1) Cette somme était considérable; pour se la procurer, les religieux de Saint-Vincent engagèrent les terres et les vignes qu'ils avaient à Bazougers, à un prêtre nommé Hamelin, avec la jouissance de quatre récoltes consécutives. Passé ce terme, les moines devaient acquitter la

et pour que cet accord fût stable, ils payèrent aussi 20 sous aux frères de Galebrun : Renaud, Gaido, Foulquerand et Savari. L'acte en fut passé à Bazougers, dans le cloître même, en présence de Guillaume, abbé de Saint-Vincent. (*Cartul. de Saint-Vincent,* t. I, fol. 183.) Galebrun d'Anthenaise eut, entre autres enfants :

1° *Foulques*, IIe du nom, appelé aussi *Foulquerand d'Anthenaise.* Il figure parmi les témoins d'une charte de Gui IV, seigneur de Laval, d'environ 1145, par laquelle, déférant aux conseils de Guillaume, évêque du Mans, il fit donation au monastère de Marmoutier, et au prieuré de Laval, de la paroisse de la Gravelle, avec la chapelle y existant et tout ce qui dépendrait de la chapellenie. (*Cartul. de Marmoutier,* t. III, fol. 10.) Foulques eut aussi quelques différends avec les moines de Saint-Vincent, à l'occasion du patronage de l'église de Saint-Victor de Bazougers, qu'il voulait exercer comme un droit héréditaire. En effet, cette église étant venue à vaquer, il s'opposa à la présentation faite et réclamée par les moines. Ceux-ci, à la prière de Nicolas, doyen du Mans, et de Robert de Sablé, pourvurent de cette église un clerc, selon le vœu de Foulques, mais obtinrent de ce dernier, et de son frère Savari, l'abandon à perpétuité de tous les droits qu'ils prétendaient avoir sur l'église de Bazougers; abandon qui fut consenti dans l'église de Saint-Vincent, vers 1165, en présence de Guillaume, évêque du Mans. (*Cartul. de Saint-Vincent,* t. I, fol. 368 et 523.) Foulques n'eut point de postérité. Sa mort est portée au 5 des calendes d'octobre [27 septembre] dans le nécrologe de l'église cathédrale du Mans (*Cartul. du Chapitre du Mans,* fol. 96);

2° *Savari*, IIe du nom (1), et qui dut mourir jeune et célibataire. On l'a souvent confondu avec son neveu, Savari III (voir p. 26);

3° *Hamelin,* IIe du nom, dont l'article suit;

4° *Robert,* qui fut présent à une charte d'environ 1170, par laquelle Hervé d'Aron confirma les donations faites par sa famille au monastère de Saint-Vincent du Mans. (*Cartul. de Saint-Vincent,* t. I, fol. 303.) Robert paraît avoir eu, entre autres enfants :

A. *Robert de Autenosia.* Lui et Geoffroi d'Anthenaise furent

---

somme, soit en totalité, soit partiellement, et les terres engagées devaient leur être rendues dans une proportion égale à celle du paiement. (*Cartul. de Saint-Vincent,* t. I, fol. 186.)

(1) En 1197, *Savaricus de Altonosia* confirma le don, à la cathédrale du Mans, de 5 sols mansais, légués au Chapitre par Fulcrand, son frère, et à prélever *in censibus de Basogeriis ad luminaria ecclesie.* (Cauvin, *Géographie ancienne du diocèse du Mans,* p. 13; et *Liber albus Capituli Ecclesie Cenomanensis,* fol. 51 v°.)

témoins d'une donation faite à l'abbaye de Perseigne par Raoul, clerc, et Guillaume de Coesmes, fils de Philippe de Coesmes, et Havis, leur sœur, épouse de Robert de la Ramée, donation confirmée le 4 des ides [le 12] de mai 1189. (*Cartul. de Perseigne*, fol. 167.)

V. *Hamelin* D'ANTHENAISE, IIe du nom, seigneur de Bouère (1), de la Cantière, de Ruillé et de la forteresse de Beaulieu, située entre Cossé-le-Vivien et la Gravelle, concourut avec sa famille à la dotation de l'abbaye de Bellebranche, fondée en 1150 par Robert, baron de Sablé. (*Hist.*

---

(1) Hamelin est appelé *de Bouère* dans une seule charte, donnée par Hamelin III d'Anthenaise, son petit-fils, en 1234. Dans toutes les autres chartes où il intervient, Hamelin II est surnommé *d'Anthenaise*. La terre de Bouère, sous le nom de laquelle il est rappelé dans cette charte, lui était échue soit de sa mère, soit par succession. Elle avait été le berceau d'une très-noble famille, dont quelques rameaux ont subsisté jusqu'au milieu du XIIIe siècle. Elle était représentée vers 1050 par *Foulques* et *Auger de Bouère*, témoins d'un accord fait par la médiation de Raoul, archevêque de Tours, entre les moines de Marmoutier et ceux de la Couture. (Ménage, *Hist. de Sablé*, p. 313.) Vers la même époque Foulques de Bouère fit une convention avec les religieux du prieuré de Bouère, au sujet d'un bourg qu'ils avaient construit à Bouère dans une terre que ce seigneur leur avait donnée. Les moines s'obligèrent à ne pas recevoir dans le bourg, pour y habiter, les bourgeois de Foulques sans son consentement. Les quatre fils de ce seigneur, *Simon, Robert, Thibaud* et *Yvon*, confirmèrent cette charte. (*Cartul. de Marmoutier*, t. II, fol. 445.) Foulques était alors dans un âge avancé, car en 1062 son petit-fils, *Guérin* (fils d'Yvon), fut présent à la donation que le même Foulques fit de l'église de Bouère (dont il était fondateur) au monastère de Marmoutier. (*Id.*, fol. 444.) Il avait épousé, avant 1050, Ameline, nommée aussi Domète dans une charte du *Cartulaire de Saint-Vincent du Mans* (fol. 151), d'environ 1065, et dans laquelle il est fait mention de *Guillaume de Bouère*, moine de ce couvent. Simon *de Bouère* et Mathieu, son beau-frère, confirmèrent les donations consenties par Foulques, leur père et beau-père, lorsque, sur le déclin de ses jours, il se retira dans le monastère de Saint-Martin de Tours. Renaud, fils de Robert (de Nevers) le Bourguignon, Artaud le Bourguignon et Guillaume Chamaillart furent les témoins de cette charte, souscrite vers 1075. (*Cartul. de Marmoutier*, t. II, fol. 443.)

Hugues de Bouère avait une sœur, appelée Adeloïe, et mariée à Gui de Courtalard. Ils sont nommés dans une charte de 1100, par laquelle le même Gui délaissait au monastère de Saint-Vincent du Mans, en y faisant recevoir moine son fils Hugues, la moitié de l'église de Coursimon; Hugues de Bouère, qui possédait l'autre moitié, en fit abandon *des évêques du Mans*, p. 501; Bondonnet, *Vies des évêques du Mans*, p. 551; *Hist. de Sablé.*) Lors de la fondation des prébendes du château de Laval (1170), les deux frères amortirent la métairie des Arsis, donnée par Hubert du Bois et Eudes de Bor. Hamelin ayant fait construire un pressoir à Bouère, les moines de Marmoutier de Tours, qui réclamaient exclusivement ce droit, applicable à toutes les vignes situées aux

---

au couvent, par une charte de la même époque. (*Cartul. de Saint-Vincent*, fol. 275, 281.)

Martin de Bouère, religieux de Marmoutier, vivait en 1098.

Guillaume de Bouère fut abbé de Saint-Vincent du Mans en 1109.

Simon de Bouère fut l'un des barons de la cour du comte d'Anjou qui jugèrent, en l'an 1105, un différend survenu entre Maurice, sire de Craon, et l'abbé de Vendôme, touchant la possession de Saint-Clément, près Craon. (*Cartul. de l'abbaye de Vendôme.*)

Richer de Bouère est nommé dans une charte de Hugues de Mathefelon, de l'année 1108, confirmant la donation faite à Bouère, par Foulques de Marboet, de l'église de Louvigné pour dépendre de l'abbaye de Marmoutier. (*Cartul. de Marmoutier, prieuré de Louvigné.*)

Bernier de Bouère fut témoin d'une donation faite en 1142, par Guérin de Saint-Berthevin, au monastère de Saint-Martin de Laval. (*Cartul. de Marmoutier*, t. III, fol. 9.)

Renaud de Bouère et Aymeric de Parpeçay accompagnèrent Hardouin Chamaillart au Chapitre de Marmoutier, vers 1160, lorsque ce seigneur vint confirmer, entre les mains de l'abbé Robert, les donations faites à ce couvent par ses ancêtres, et, entre autres, celles de l'église et du patronage de Boussay. (*Archives de Marmoutier, prieuré de Boussay.*)

Adelerme de Bouère souscrivit une charte de Guillaume des Roches, sénéchal d'Anjou, du mois d'avril 1204, par laquelle il accorda au prieuré de Sablé l'établissement d'une foire annuelle en cette ville. (*Cartul. de Marmoutier, prieuré de Sablé.*)

Jean et *Renaud de Bouère,* frères, cédèrent par charte du mois de juin 1220, au Chapitre du Mans, toutes les dîmes qu'ils avaient dans la paroisse de Bouère. (*Cartul. du Chapitre du Mans*, fol. 8.)

Raoul de Bouère, qui paraît avoir été le dernier rejeton mâle de cette ancienne maison, eut une fille, *Mabille*, femme de Guillaume Yves. Après la mort de Raoul de Bouère, ces époux abandonnèrent au prieuré de la Couture, au mois de mai 1233, les dîmes qui avaient appartenu audit Raoul, et firent consentir à cette donation Girard d'Aubigné, chevalier, et sa femme, qui s'y étaient opposés. (*Archives de l'abbaye de la Couture, prieuré de Gênes,* A.)

La terre de Bouère est située à 14 kilomètres de Château-Gonthier, au Maine; son nom latin, *de Boeria,* a été traduit, par erreur, *de la Boirie,* par André du Chesne et plusieurs autres historiens.

environs de Bouère, à quelques personnes, chevaliers ou bourgeois, qu'elles appartinssent, portèrent plainte au roi d'Angleterre Henri II, qui ordonna à Etienne de Marsay, son sénéchal d'Anjou, d'informer sur cette affaire. Les barons devant lesquels elle fut discutée, vers 1185, décidèrent que les moines de Marmoutier devaient posséder à perpétuité ce droit de pressoir, attendu qu'ils en avaient déjà joui paisiblement pendant soixante ans. Mais vers 1186, rapporte une charte, Hamelin en fit entière et solennelle déclaration entre les mains de Guillaume, évêque du Mans, qu'il vint trouver [*apud Solismas*] à Solesmes, et auquel il confessa ses torts [*cum magna humilitate dixit*] avec une profonde humilité. (*Cartul. de Marmoutier*, t. II, fol. 428.) Il accorda même, à ce propos, divers priviléges à Marmoutier sur sa terre de Bouère, et ces priviléges reçurent l'approbation de l'évêque, qui pour mieux en assurer l'exécution excommunia tous ceux qui les violeraient. (Archives de la Sarthe, *Inventaire analytique* d'Edouard Bilard, p. 62, n° 307.) Hamelin II vécut au moins jusqu'en 1203, époque à laquelle on lui vit donner à l'abbaye de Bellebranche (1) divers immeubles situés paroisse de Bazougers. (Ménage, p. 166; de Burbure, *Histoire de la Flèche*.) De son mariage avec *Cécile*, il eut, entre autres enfants :

1° *Hamelin*, IIIe du nom, qui suivit en Terre-Sainte Robert IV, baron de Sablé, fils de Robert III et d'Hersende d'Anthenaise, lequel se croisa en 1190, et fut élu grand-maître de l'ordre du Temple l'année suivante. (Ménage, p. 175; *l'Art de vérifier les dates*, t. V, p. 347.) Hamelin se trouva à la prise d'Acre, au mois de juillet 1191. Il est nommé et qualifié H. *de Altenosia, miles*, dans deux obligations contractées à Acre, au mois de septembre de la même année; la première, par noble J. de Champagné, de 20 marcs d'argent, dont 5 lui furent comptés en présence d'Hamelin d'Anthenaise et de T. des Champs, chevaliers, le surplus devant lui être délivré sur les lettres de garantie de Juhel de Mayenne (*original en parchemin, aux archives de la marquise de Champagné*); la

(1) Il existe encore à Bellebranche (1878), sous forme de base de pyramide, un bloc de maçonnerie appelé de temps immémorial, dans la contrée, *la Croix d'Anthenaise*; et le lieu même où se voient ces vestiges est inscrit, au cadastre, sous le nom *Champ d'Anthenaise*.

seconde, par noble J. d'Andigné, pour pareille somme, payée sous les mêmes conditions et garanties, en présence des mêmes témoins, et toutes deux prêtées par J. de Jhota, bourgeois de Pise, agissant en son nom et pour ses associés. (*Original en parchemin, aux archives du comte d'Anthenaise.*) Sur la production de ces titres, les armoiries d'Hamelin d'Anthenaise et de Geoffroi, son frère, ont été peintes dans la galerie des Croisades, au Musée de Versailles. Hamelin paraît être mort dans cette expédition ;

2° *Savari*, IIe du nom, qui continua la postérité ;

3° *Geoffroi*, chevalier. Il prit part également à la croisade de Philippe-Auguste, en 1190. Etant à Joppé, au mois d'octobre 1191, il fut témoin d'une obligation de noble Thibaud, fils de feu noble Bouchard (de l'Isle), dit l'Ancien, envers A. Comte, bourgeois de Pise, pour 200 marcs d'argent que son père et six de ses compagnons d'armes avaient empruntés, et pour un nouveau prêt de 25 marcs fait audit Thibaud. (*Original en parchemin, aux archives du comte d'Anthenaise.*) La destinée ultérieure de ce Geoffroi est ignorée ;

4° *Amauri*, Ier du nom, qui fut l'auteur de la BRANCHE DU PLESSIS-ANTHENAISE, rapportée ci-après ;

5° *Simon*. Il est cité avec Roland de Méral, Huon d'Hauterive, Simon de Saint-Denis, Geoffroi de Clahers, Raoul Normand, Ernulfe du Four et Jean, son fils, dans une charte d'environ 1205, par laquelle Savari d'Anthenaise, son frère aîné, confirme l'accord qu'Hamelin de Bouère, leur père, avait fait avec les moines de Marmoutier (*Cartul. de Marmoutier*, t. II, fol. 449) ;

6° *Pierre*, doyen de Sablé. Il apparaît comme témoin, 1° dans une charte de 1180, où Gui de Laval donne au prieuré de la Trinité de Fougères les droits qu'il possédait sur une vigne sise à Ernée (*Cartul. de Marmoutier, prieuré de Fougères*) ; et 2° dans un accord fait en 1191, en présence de Hamelin, évêque du Mans, entre Marcille de Martigné et les moines de Clermont (de l'ordre de Cîteaux), relativement aux dîmes de la terre de Saulx-Renaud. (*Cartul. de l'abbaye de Fontaine-Daniel*, fol. 65.) Il fut, en 1197, témoin du don que Sylvestre de la Volve, chevalier, seigneur dudit lieu, fit à Geoffroi, abbé de Clermont, du droit qu'il avait en la forêt de Laval. (*Manuscrits de Quatrebarbes.*) En 1199 Hamelin l'Enfant le choisit comme arbitre dans son différend avec Gui de Laval, VIIe du nom, qui, lui, prit pour juge Guillaume de Fougères. Cet acte existe dans le *Trésor de Laval*, disait Ménage en son *Histoire de Sablé* (IIe partie, p. 112). Guérin de Saint-Berthevin avait légué au même couvent 60 sous de revenu pour l'entretien d'un moine ; Hubert, son fils, du consentement de ses oncles Eudes et Mahon, fit réduire ce revenu à 40 sous. Les témoins de cette convention, qui eut lieu en 1209, furent Gui VII, comte de Laval, Isabelle de Mayenne, Pierre *de Altinosio*, doyen de Sablé, Robert de Brée et Emme, sa femme, etc., etc. (*Cartul. de Fontaine-Daniel*, fol. 30.) Pierre confirma, au mois de mai 1212, par l'opposition de son sceau (qui n'existe plus à la charte), la donation que Herbert de Vezins, avec le consentement de Julienne, sa mère, et de Geoffroi Babel, second mari de cette dame, fit, au monastère de Fontaine-Daniel, de la métairie de la Saudraye, et d'un hameau qui lui devait un cens annuel de 4 sous mansais (*Cartul. de Fontaine-Daniel*, fol. 37);

7° *Robert*, doyen de Sablé après son frère Pierre. On voit par une charte de lui, de l'année 1217, que la femme et les héritiers de Robert de la Rongère ont échangé, avec les religieux de Fontaine-Daniel, un legs de 5 sous tournois sur la dîme de Luigné, contre 2 sous mansais sur leurs cens des Touches. (*Id.*, fol. 37.)

DE CHAOURCHES : Maison de Touraine éteinte au XIIIe siècle. Ses armes nous sont inconnues.

VI. *Savari*, IIIe du nom, chevalier banneret, seigneur d'Anthenaise, de Bazougers, de Bouère, de Noyen, de Montortier, la Cantière, la Vallée, de Ruillé-le-Gravelais puis de Chaourches (1), terre importante sise en Touraine, près d'Amboise, paroisse de Nazelles, et dont les arrière-fiefs s'étendaient jusqu'en celle de Saint-Symphorien. Elle lui vint de son mariage avec Sibille, fille d'Hamelin DE CHAOURCHES et de Béatrix sa femme, ainsi que le constate ce passage d'une charte par lui souscrite : « *Ego Savaricus de Altenosia, in cujus manu per matrimonium jam dictum filie ipsius Hamelini de Cadurciis, terra ejus devenerat.* » (CARTUL. D'EVRON.) Et

(1) *Chaourches*, *Chourches*, *Saourches*, *Sourches*. Plusieurs terres ainsi appelées, existent ou ont existé, dont *trois* dans le Maine : paroisses de Mayet, Saint-Symphorien et Piacé; *une* dans la Touraine : paroisses de Nazelles puis de Saint-Symphorien; et *deux* dans l'Anjou : près Château-Gonthier et paroisse d'Ambillou. Il devient donc important, mais très-difficile, de ne pas les confondre, surtout pour la période du moyen âge, où le nom d'une terre est rarement accompagné du nom de sa paroisse. Le Chaourches que la femme de Savari III reçut en dot, et dont elle portait le nom, s'élevait dans la Touraine, et depuis longtemps est détruit. Hamelin de Chaourches, beau-père de Savari d'Anthenaise, ayant été le dernier de sa race, après lui le souvenir des Chaourches de Touraine s'éteignit rapidement. Mais les Sourches du Maine ne disparurent, eux, que beaucoup plus tard, dans la maison de Vassé, au XVe siècle. Or, ce fut principalement le voisinage de ces deux puissantes familles qui fit souvent attribuer à l'une, des personnages ou des particularités appartenant à l'autre. Il faut dire aussi que l'homonymie y prêtait doublement, car la châtellenie de Chaourches, en Touraine, dépendait tout à la fois de Nazelles et de Saint-Symphorien, et celle de Sourches, dans le Maine, avait de-même, pour paroisse, la commune actuelle de Saint-Symphorien.

ce fut la possession même de cette terre, qui le fit comprendre dans le rôle des bannerets de Touraine, après que Philippe-Auguste l'eut en 1213, avec 54 autres seigneurs, investi de la haute dignité de chevalier banneret. (De Burbure, *Hist. de la Flèche;* André du Chesne, à la suite de ses *Historiens de la Normandie;* la Roque, *Traité du ban et arrière-ban; Manuscrits de Quatrebarbes.*) Savari, aussitôt le décès de son beau-père, confirma aux moines de l'abbaye d'Evron les priviléges que ce dernier leur avait accordés à son lit de mort. (*Même Cartulaire.*) Plus tard, il vit s'élever une contestation entre lui et le prieur de Saint-Symphorien, près Nazelles, au sujet d'un droit de charroyage qu'il disait avoir sur ce prieuré, pour l'entretien des remparts du château de Chaourches — *ad munitionem castri de Cadurciis,* dit la charte — mais arrangement intervint, portant que le châtelain, lorsqu'il aurait besoin des hommes du prieuré, en préviendrait le prieur, qui lui seul serait chargé de les envoyer accomplir la corvée. Savari III est qualifié seigneur de Chaourches [*dominus Calduciarum*] dans deux autres titres du *Cartulaire de Champagne,* de l'année 1214, l'un où il s'agit d'un procès des religieux, pour la propriété d'un pré, avec un seigneur appelé Hamelin Gombaut, et l'autre qui remémore la donation de ce pré, à l'abbaye, et le jugement de l'affaire en la cour de Chaourches; laquelle pièce est scellée des armes de Savari d'Anthenaise : *une aigle à deux têtes, au vol abaissé.* Une seconde charte, de même date à peu près, le montre abandonnant à l'abbaye de Champagne, du consentement de Sibille, sa femme, *filia domini Calduciarum*, et d'Ofrasie, sœur de cette dernière, la métairie d'Asnières, plus les prés qu'il possède à Segrie et quatre setiers de froment de rente annuelle, à prélever sur les fermes d'Aunay, de Souche, du moulin Jumeau, du moulin Méan et de Morin Pélican. (Archives de la Sarthe, *Inventaire analytique* d'Edouard Bilard, p. 88, n° 432, § 4.) Il prit les intérêts de Hamelin l'Enfant, seigneur de la Patrière, contre Gui VII, sire de Laval, ainsi qu'on le voit dans l'accord conclu en 1199, par Pierre d'Anthenaise, son frère, doyen de Sablé, arbitre de Hamelin l'Enfant, et Guillaume de Fougères, arbitre du sire de Laval. (Ménage, p. 166.) Vers l'an 1210 Savari fit abandon, au prieuré de Bouère, de 15 sous angevins de taille qui lui étaient dus par des métayers du lieu, ne s'en réservant que 5, sur 20 qu'il avait à toucher. (*Cartul. de Marmoutier*, t. II, fol. 449.) En 1214 il confirmait une donation de biens fonds mouvants de son fief d'Anthenaise, faite au prieuré de la Vallée. (*Archives de Marmoutier*, *prieuré de la Vallée; Dom Villevieille.*) Les religieux de Fontaine-Daniel avaient acquis de Sylvestre de Rouperoux une terre située dans le fief de Montortier, appartenant à Savari III. Celui-ci, comme seigneur dominant, contesta d'abord cette cession, puis la confirma par charte de l'année 1215, scellée de son sceau, avec cette réserve que l'abbaye tiendrait ladite terre de lui et de ses héritiers, et en paierait les redevances. (*Cartul. de Fontaine-Daniel,* fol. 47.) Un chevalier, nommé Simon de Saint-Denis, ayant fait construire un pressoir à Bouère, les moines de Marmoutier du prieuré de Bouère, auxquels Henri, roi d'Angleterre, avait donné le privilége exclusif de posséder un pressoir à Bouère, obtinrent que celui de ce chevalier fût abattu. Plus tard, Simon ayant cédé aux moines sa terre de la Boissière, se vit autorisé à rebâtir son pressoir; et Savari, dans le fief duquel se trouvaient les biens précités, consentit à leur cession par charte du mois de septembre 1217 (*Cartul. de Marmoutier,* t. II, fol. 447, 448), scellée de deux sceaux; le premier, de Guillaume des Roches, sénéchal d'Anjou et du Maine, représente *une bande fuselée et un lambel en chef;* le second, de Savari d'Anthenaise : *une aigle à deux têtes, au vol abaissé;* mêmes armoiries sur le contre-scel. Il est appelé Savari *de Altenoisia* dans une autre charte de décembre 1226, portant donation par lui, aux religieux dudit couvent, de la dîme de ses moulins et de ses fours de Noyen. (*Cartul. de Saint-Vincent,* t. I, fol. 396; t. II, fol. 71.) Par lettres du mois de mai 1227, scellées en cire verte, il accorda aux religieux du prieuré de la Vallée, dépendant de Marmoutier, que tous les hommes de la localité fussent tenus d'aller faire cuire leurs pâtes au four de ce couvent, sauf à lui en payer les coutumes, promettant, en cas de refus, de les y contraindre. Le sceau de Savari III se voit encore à l'acte de donation d'une haie qu'il fit, en 1229, aux moines de Bouère, en présence de Robert de Hauteroche, chevalier. (*Cartul. de Marmoutier,* t. II, fol. 448.) Il est semblable aux précédents. Savari laissa de sa femme Sibille :

1° *Hamelin,* IVe du nom, qui suit :

2° *Jeanne,* mariée avec Eudes LE FRANC, chevalier, qui en eut : *Hamelin* le Franc, chevalier, marié en 1215 avec Aloïse DE CRAON, fille de Maurice, baron de Craon, et d'Isabelle de Meullent. Aloïse de Craon avait épousé en premières noces Gui VI, sire de Laval, et en avait eu, entre autres enfants : Emme, dame de Laval, mariée avec Mathieu de Montmorency, connétable de France, et auteur de la seconde maison de Laval (Montmorency). Emme de Laval et Mathieu de Montmorency, en considération d'Aloïse de Craon, leur mère, donnèrent à Hamelin le Franc, leur beau-père, les châtellenies de Montjean, du Chemin (aujourd'hui le bourg du Chemin) et de la Brulatte. Aloïse eut de son second mari, suivant Ménage (p. 148) :

A. *Hugues* le Franc, mort jeune;

B. *Hamelin* le Franc, chevalier, seigneur de Montjean, père de : *Louise* le Franc, femme de Guillaume DE COESMES;

C. *Yvon* le Franc, chevalier, que l'on voit partager avec son frère aîné, en 1260, dans une charte reproduite en notre IIe partie, la succession de son père et celle de son oncle, Hamelin d'Anthenaise, IVe du nom.

D. *Macé* le Franc.

VII. *Hamelin* D'ANTHENAISE, IVe du nom, chevalier banneret, seigneur d'Anthenaise, de Bazougers, de Bouère, de Noyen, de la Vallée, de Montortier, de Chaourches, etc., etc., approuve, comme fils et héritier de Savari III, des lettres de ce dernier, du 4 des nones de mars 1218, par lesquelles il renonce à des procurations (1) qu'il réclamait des religieux du prieuré de Bouère, et de plus leur abandonne une mesure de vin et un pain qu'il percevait chaque jour dans leur maison. (*Cartul. de Marmoutier,* t. II, fol. 446.) Hamelin d'Anthenaise succéda à son père vers 1230. Lui et sa mère Sibille firent des donations à l'abbaye de Bellebranche. Dans des lettres du mois de janvier 1234, il déclare qu'on lui a représenté une charte de feu son père, rappelant les contestations que Hamelin *de Bouère,* son grand-père, avait

(1) *Procurations :* droit d'hospitalité.

eues avec les moines de Marmoutier et le prieur de Bouère, contestations qui s'étaient renouvelées à la mort d'Hamelin et avaient été terminées [vers 1203] par l'entremise de l'évêque du Mans et de Guillaume des Roches, sénéchal d'Anjou. Hamelin IV confirma la charte de son père en y apposant son sceau (*Cartul. de Marmoutier*, t. II, fol. 449), représentant un *fascé nébulé, de six pièces.* Le contre-scel est *une aigle à deux têtes, au vol abaissé.* En 1239 Hamelin d'Anthenaise fit don à Hamelin le Franc, son neveu, de Ruillé-le-Gravelais et de la forteresse de Beaulieu. (Ménage, p. 166.) En 1242, ayant acquis de Sylvestre de Rouperoux, chevalier, une terre sise en la mouvance du fief de Montortier, il en fit don à l'abbaye de Fontaine-Daniel, et de tous les droits que lui et ses héritiers pouvaient y prétendre (*Cartul. de Fontaine-Daniel*, fol. 46), par charte scellée en cire jaune : écu *vairé*, *de cinq tires* (1); contre-scel : *une aigle*, *au vol abaissé*. Hamelin IV laissa deux enfants :

1° *Hamelin*, V^e du nom, chevalier banneret, seigneur d'Anthenaise, de Bazougers, de Bouère, de la Cantière, de Chaourches, etc. En 1250, pendant l'absence de Louis IX, il fut commis par la reine Blanche, conjointement avec Bernard de la Ferté, à la garde des châteaux de Sablé, Chantocé, Dieuzie (Rochefort) et la Roche-aux-Moines. Ce témoignage de confiance de la Reine leur fut donné à la sollicitation d'Isabelle de Craon, sénéchale d'Anjou. (*Trésor des chartes du Roi*, layette *Anjou;* Ménage, *Hist. de Sablé*, p. 167; Bodin, *Recherches sur le bas Anjou.*) Cette même année il fut un des conseils de l'abbé de Bellebranche, dans sa contestation avec l'abbé de la Roë, auquel Maurice de Craon, qui venait de mourir, avait exigé qu'on donnât son cœur; ce à quoi ne voulait consentir l'autre abbé, réclamant, en vertu de privilèges formels, le corps en son entier, pour l'inhumer dans l'église de l'abbaye. Et de fait, sur l'ordre des évêques du Mans et d'Angers, il y fut enterré; mais il resta convenu qu'au bout d'un an exhumation en serait faite pour en extraire le cœur et le rendre, si possible était, à l'abbé de la Roë; et, sinon, lui remettre, comme dédommagement, la tête du défunt. En 1252 et 1259, Hamelin accorda diverses faveurs à l'abbaye de Bellebranche, puis déclara — juillet 1259 —

(1) Cet écu est celui que portait la branche aînée des d'Anthenaise, à l'époque de son extinction. Ménage le décrit *vairé d'or et de gueules*, conformément au Cartulaire du prieuré de la Haye, près d'Angers, et au Provincial de Navarre, héraut d'armes du roi Charles VII.

n'avoir aucun droit à lever ni réclamer des deniers sur les hommes du monastère de Marmoutier qui tenaient des héritages de lui, ou de ses chevaliers, à Bouère ou à la Vallée, dans son fief, et amortit, en faveur du prieuré de la Vallée, les maison, terre et pré appelés le clos Béraud, sis en cette dernière paroisse. (*Cartul. de Marmoutier,* t. I, p. 173.) Hamelin V, qui mourut sans postérité, avait épousé Julienne, dame de la Guerche, ainsi qu'on le voit dans une déclaration de l'abbé de Bellebranche au comte du Maine, faite en 1479, et dans laquelle on lit : « *Item,* la dixième partie du revenu du four à ban sis au Mans, près le pont Ysouart, et 20 sommes de vin, que feu Hamelin d'Antenaise, chevalier, et Julienne, dame de la Guerche, son épouse, vous donnèrent en rente et perpétuelle aumône; » (Archives de France, *Aveux.*)

2° *Emmanuelle,* dont l'article suit.

VIII. *Emmanuelle,* dame D'ANTHENAISE, de Bazougers, de Bouère, de la Cantière, en Cossé, et de beaucoup d'autres terres, porta ce riche héritage à son mari Jean CHAMAILLART, chevalier, seigneur de Pirmil, de Montambert et de Trélazé, duquel il est fait mention dans le *Cartulaire de Pontron* (cassette de Vernières), sous les années 1237 et 1239. Les actes ultérieurs font voir que ce mariage avait été fait sous la condition expresse que Jean Chamaillart et sa postérité ajouteraient à leur nom et à leurs armes, le nom et les armes *d'Anthenaise.* De ce mariage sont issus, entre autres enfants :

CHAMAILLART ancien : Trois annelets posés 2 et 1.

1° *Guillaume* CHAMAILLART, seigneur de Pirmil et *de Altenosia,* chevalier. Hamelin V, seigneur d'Anthenaise, de bonne mémoire, son oncle, avait donné aux religieux du prieuré de Bouère, pour son anniversaire, 40 sous de revenu annuel et perpétuel sur sa *cohuam* [sa foire] de Bouère. Guillaume confirma le legs, et promit de servir ce revenu à la Toussaint de chaque année. Il en scella la charte d'un sceau sur cire verte aux armes d'Anthenaise. (*Cartul. de Marmoutier,* t. II, fol. 450.) Guillaume paraît être mort sans postérité;

2° *Simon* CHAMAILLART, dont l'article suit;

3° *Julienne* CHAMAILLART, mariée à Gervais CHEORCHIN, IIIe du nom, seigneur de la Motte, qui en eut :

A. *Jeanne* CHEORCHIN, dame de la Motte-Cheorchin, mariée à Jean QUATREBARBES, chevalier, seigneur de la Membrolle, de Juigné, de la Chapelle-des-Roches, etc.

IX. *Simon* CHAMAILLART, chevalier, seigneur D'ANTHENAISE, confirma, par lettres du mois de mai 1275, une donation de

10 livres tournois de rente au monastère de Fontaine-Daniel, faite par David de Châteaubriand, citoyen d'Angers. (*Cartul. de Fontaine-Daniel,* fol. 56.) Le sceau, en cire verte, de Simon Chamaillart, apposé à ces lettres, représente un écu *vairé, de cinq tires;* contre-scel : *trois annelets*. On a des lettres données sous le sceau de la cour dudit Simon Chamaillart, chevalier, seigneur *de Autonoise*, le mercredi (29 mars) avant Pâques Fleuries 1284, par lesquelles Robert de Préaux et Huet de Préaux, son fils, vendent aux religieux de Marmoutier du prieuré de Bouère, le droit qu'ils avaient sur les dîmes des paroisses de Préaux et de Chemiré-le-Roi. (*Cartul. de Marmoutier*, t. II, fol. 450.) Le sceau de la cour dudit seigneur est parti : au 1er, *trois fasces nébulées;* au 2e, *trois annelets.* Simon Chamaillart mourut en 1295, et fut inhumé à côté de son père, en la chapelle d'Anthenaise, dans l'abbaye de Bellebranche. Leurs armoiries, sculptées sur leurs tombeaux, représentent un écu *vairé.* Simon fut père de Guillaume, qui suit.

X. *Guillaume* CHAMAILLART, sire D'ANTHENAISE, chevalier banneret, donna quittance, le 11 novembre 1345, pour les appointements de lui et de trois chevaliers, et dix-neuf écuyers, servant sous ses ordres ès guerres de Saintonge. (*Recueil de l'ancienne Noblesse de France, tiré du ban et arrière-ban*, p. 54.) Son sceau, mis au bas de ce titre, représente un écu *vairé.* Il épousa Marie, vicomtesse DE BEAUMONT et de Sainte-Suzanne, dame de Fresnay, d'Argenton, de Nogent-le-Rotrou, de la Flèche, de Château-Gonthier et de Pouancé, sœur et héritière de Louis, vicomte de Beaumont, tué à la bataille de Cocherel, le 23 mai 1364. Guillaume Chamaillart, dont la famille avait quitté ses armoiries pour celles des d'Anthenaise, abandonna ces dernières lors de son mariage avec l'héritière des vicomtes de Beaumont, pour porter l'écu chevronné de cette maison. (Le P. Anselme, *Histoire des grands officiers de la Couronne*, t. I, p. 271; t. VI, p. 138; Louvan Géliot, *la Vraye et parfaite science des armoiries*, p. 163.) Guillaume Chamaillart eut pour fille et héritière, Marie, qui suit :

DE BEAUMONT ancien : Chevronné d'or et de gueules, de huit pièces.

Comment par *Marie Chamaillart*, qui eut pour bisaïeule EMMANUELLE D'ANTHENAISE, fille d'Hamelin III, les D'ANTHENAISE sont alliés aux *Maisons Royales* **de Valois** et **de Bourbon** :

XI. *Marie* CHAMAILLART, vicomtesse de Beaumont, dame D'ANTHENAISE, de Bazougers, etc., mariée, le 20 octobre 1371, à Pierre II DE VALOIS, COMTE D'ALENÇON et du Perche, baron de Fougères et d'Argentan, prince du sang royal de France. Il en eut, entre autres enfants :

XII. *Jean Ier*, DUC D'ALENÇON et comte du Perche, marié, le 26 juin 1396, avec Marie *de Bretagne,* dont :

XIII. *Jean II,* DUC D'ALENÇON, marié en secondes noces, le 30 avril 1437, avec Marie *d'Armagnac*. Il en eut :

XIV. *René,* DUC D'ALENÇON, qui épousa, le 14 mai 1488, Marguerite *de Lorraine*. Ils ont laissé :

XV. *Françoise* D'ALENÇON, duchesse de Beaumont en 1543, mariée, le 18 mai 1513, à Charles DE BOURBON, duc de Vendôme, qui en eut, entre autres enfants :

XVI. *Antoine* DE BOURBON, roi de Navarre, prince de Béarn, duc de Vendôme, de Beaumont et d'Albret, marié, le 20 octobre 1548, avec Jeanne *d'Albret*, reine de Navarre, dont est né :

XVII. HENRI IV, roi de France et de Navarre.

II

BRANCHE DU PLESSIS-ANTHENAISE.

VI. *Amauri* D'ANTHENAISE, Ier du nom, fils puîné de Hamelin, IIe du nom, seigneur d'Anthenaise, de Bouère, etc., eut en partage la terre du Plessis, nommée Anthenaise. Ménage (p. 166), en l'indiquant comme l'auteur des branches de la Maison d'Anthenaise établies dans l'Anjou, le pays Nantais et le bailliage d'Alençon, cite une charte de l'abbaye de Saint-Vincent du Mans, de l'année 1207, dans laquelle il est mentionné. Il avait épousé, vers 1180, EBROINE, avec laquelle il est mentionné dans un titre de l'année 1217. Il en eut, entre autres enfants :

1° *Jean,* Ier du nom, qui suit;

2° *Simonne,* mariée avec Jean *Vachereau,* varlet [écuyer], seigneur des Chesnaies et de Chevillé.

VII. *Jean,* Ier du nom, chevalier, seigneur du Plessis-Anthenaise, fut présent avec Jean Vachereau, son beau-frère, à la consécration de la chapelle de Notre-Dame de l'abbaye de la Couture, du Mans. (*D'Hozier.*) Il eut, entre autres enfants, Anceau, qui suit.

VIII. *Anceau,* chevalier, seigneur du Plessis-Anthenaise, épousa une dame nommée JEANNE. Il est cité avec elle, et qualifié *miles,* dans un acte qu'il passa avec Briant, seigneur de Montjean, en 1259. (*D'Hozier.*) Il eut pour enfants :

1° *Aymeric,* Ier du nom, qui suit;

2° Et très-probablement *Marguerite* d'Anthenaise, que l'on vit en 1298 appelée à gouverner, comme abbesse, le monastère des Clairets, de l'ordre de Cîteaux, situé dans le Perche, diocèse de Chartres. Sa fondation avait eu lieu en 1204, par Mathilde de Brunswick, comtesse du Perche, et veuve, à cette époque, du comte Geoffroi. Marguerite d'Anthenaise fut la 9e abbesse des Clairets. (H. Fisquet, *la France pontificale,* métropole de Paris, diocèse de Chartres, pp. 462-463.)

IX. *Aymeric*, Ier du nom, chevalier, seigneur du Plessis-Anthenaise, vivait en 1282. Il avait épousé Bonne DE SILLÉ, fille de Halange, baron de Sillé-le-Guillaume, et de Blanche de Coulons, et sœur de Béatrix de Sillé, femme de Lancelot, seigneur d'Estrées. (*D'Hozier*.) Il eut, entre autres enfants :

DE SILLÉ : Cinq léopards couronnés, posés 3 et 2.

1° *Jean*, seigneur d'Anthenaise et de Villeray (terre située paroisse de Javron, élection du Mans). Il vivait en 1300, et reçut un hommage, à cause de son fief de Villeray, le 12 janvier 1313 (*v. st.*). Il eut, entre autres enfants :

A. *Jean*, seigneur de Villeray, auquel Jean de Champvallon rendit hommage en 1340 pour des biens mouvants de son fief de Villeray ;

B. *Eustache*, qui, vers la même époque, épousa Renaud *de Montbazon*, seigneur de Montbazon, Coulombiers et Savonnières en Touraine. Elle était, alors, veuve de Simon DE VENDÔME et se mariait pour la deuxième fois. (Voir l'abbé de Marolles, *Hist. des anciens comtes d'Anjou*, IIe partie, p. 14.) De ce nouveau mariage vint une fille unique :

Jeanne, dame *de Montbazon*, qui épousa Guillaume DE CRAON, vicomte de Châteaudun, seigneur de Montbazon, de Marcillac, de Sainte-Maure, de Jarnac, etc., chambellan du roi Charles VI (*Hist. des grands officiers de la Couronne*, t. VIII, p. 571) ;

2° *Robert*, qui suit.

X. *Robert*, chevalier, co-seigneur d'Anthenaise, vivait en 1300. Il est fait mention de lui dans un *Registre des Chartes d'Anjou*, coté MXLVIII. On y voit que le roi Philippe le Long accorda, par lettres du mois de juin 1317, au sire de Craon, sénéchal d'Anjou, de Touraine et du Maine, la confiscation des biens de Robert d'Anthenaise, pour plusieurs méfaits envers Pierre de Longueil, évêque du Mans. (*D'Hozier*.) Robert, dont la femme n'est pas connue, eut, entre autres enfants :

1° *Hamelin*, VIe du nom, qui suit ;

2° *Colonie*, épouse de Michel, seigneur DE JONCHÈRES, paroisse de Louvaines, près le Lion-d'Angers. Ils vivaient en 1350, et sont représentés dans le vitrail du grand autel de l'église de la Trinité d'Angers, avec leurs armoiries ; celles de Jonchères : *d'azur semé de fleurs de lys d'or, et une patte de lion d'argent;* et celles d'Anthenaise : *d'argent à trois jumelles de gueules, en bande.* (D'Hozier.)

De La Ferté : D'hermine au sautoir de gueules.

XI. *Hamelin,* VIe du nom, seigneur d'Anthenaise, épousa : Marguerite de La Ferté. Ils firent, en 1368, un testament conjonctif par lequel ils léguèrent certaines rentes à la fabrique de la Chapelle. (*D'Hozier.*) Il y est fait mention d'Aymeric leur fils, qui suit :

De Montjean : D'or fretté de gueules.

De Briolay : Semé de France, au lambel de trois pendants de gueules.

XII. *Aymeric,* IIe du nom, seigneur d'Anthenaise, épousa : 1° Lucasse de Montjean, 2° Perronelle de Briolay, veuve du seigneur du Plessis-Fresneau, en 1393. On voit par le 30e compte de Guillaume d'Enfernet, trésorier des guerres du Roi, du 1er mars 1382 au 29 février 1383, qu'Aymeric servait dans les armées de ce temps avec huit autres écuyers de sa compagnie, suivant une quittance d'appointements qu'il donna à Orléans, le 8 août. (*D'Hozier.*) Il eut pour enfants :

Du premier lit :

1° *Jean,* IIe du nom, qui suit;

Du second lit :

2° *Catherine;*

3° *Marguerite.*

Fresnel : De gueules à deux fasces d'argent, accompagnées de six merlettes du même 3, 2 et 1.

XIII. *Jean,* IIe du nom, chevalier, seigneur d'Anthenaise et de Villeray, fut marié en 1393 avec Jeanne Fresnel, dame et héritière du Plessis-Fresneau, fille de N... Fresnel, seigneur du Plessis-Fresneau, et de Perronelle de Briolay. Il consentit des baux et ventes les 14 mars 1391, 11 janvier 1393, et en 1395. Il vivait encore en 1411, et laissa trois fils et une fille :

1° *Aymeric,* IIIe du nom, qui suit;

2° *Brizegault;*

3° *Pierre,* Ier du nom, auteur de la Branche de Villeray et de Rouilly, mentionnée en son rang;

4° *Jeanne,* mariée, par contrat de l'année 1412, avec Jean Bineu, chevalier, seigneur du Port-Joulain; mariage d'où ne sortirent que des filles, dont l'aînée, *Guyonne,* en 1440 épousa son cousin germain, Jean d'Anthenaise, IIIe du nom (voir page 42).

XIV. *Aymeric,* IIIe du nom, seigneur d'Anthenaise, né en 1394, commença de bonne heure à porter les armes, dans la longue guerre qui amena l'expulsion des Anglais, du royaume. Fait prisonnier à la bataille de Verneuil, en 1424, par un capitaine anglais appelé Jean Fastol, sa rançon, fixée à 2,800 vieux écus d'or, fut avancée par Pierre d'Anthenaise, son frère, ainsi qu'on le voit par une transaction qu'il passa en 1445 avec Jean d'Anthenaise, son neveu, fils du même Pierre. Aymeric d'Anthenaise commandait dans le château de Sillé-le-Guillaume, lorsqu'en 1432 le comte d'Arundel, général anglais, vint en faire le siége. La résistance que ce vaillant capitaine opposa à toute une armée, ne pouvait se prolonger longtemps sans secours. Espérant en obtenir, Aymeric d'Anthenaise conclut avec le comte d'Arundel une convention où il fut stipulé que si, dans le délai de six semaines, les Français gagnaient la bataille qui devait se livrer dans la lande de Lormeau, à cinq kilomètres de Sillé-le-Guillaume, il reprendrait les otages par lui donnés, et que le comte d'Arundel se départirait de toute entreprise ultérieure contre le château; mais que si les Anglais, au contraire, étaient vainqueurs, il leur remettrait la place. L'armée française, commandée par les ducs d'Anjou et d'Alençon, et par le connétable de Richemont, se trouva au lieu fixé pour le combat. Le comte d'Arundel, sommé de s'y rendre par un héraut, ou de délivrer les otages du château de Sillé, préféra ce dernier parti; seulement, dès que nos troupes se furent retirées, les Anglais, peu scrupuleux sur la bonne foi, dirigèrent à l'improviste tous leurs efforts contre le château, et l'emportèrent d'assaut. (Le Corvaisier, *Histoire des évêques du Mans*, p. 708; Jehan Bourdigné, *Chroniques d'Anjou.*) Aymeric d'Anthenaise reçut un don du Roi, pour ses services, en 1435. Il passa une transaction en 1456, pour certains héritages, avec les enfants de Jean d'Anthenaise, seigneur de Villeray, et le 10 septembre 1457 donna acte à Jeanne de Laval, comtesse de Vendôme et dame de Bouère, que s'il chassait dans ses forêts, c'était uniquement en vertu de l'autorisation qu'elle lui en avait baillée, et non autrement, n'y prétendant aucun droit. (Biblioth. d'Angers, Thorode, *Manuscrit* n° 1004, titres de la Vaisousière, Déclarations, reg. III, fol. 145.) Il testa le 4 de

LOPPÉE : Leurs armes nous sont inconnues. (Voir p. 158.)

janvier 1469 (*v. st.*), âgé de 75 ans. Louise LOPPÉE, sa femme, lui donna deux enfants :

1° *Charles*, Iᵉʳ du nom, qui suit;

2° *Jeanne*, unie au seigneur D'ILLIERS.

DES AIGLANTIERS : D'or à trois tourteaux de sable, posés 2 et 1.

XV. *Charles*, Iᵉʳ du nom, seigneur d'Anthenaise, écuyer de l'Écurie du Roi, épousa Isabeau DES AIGLANTIERS, fille de Guillaume des Aiglantiers, seigneur d'Oiron, sœur de Pierre et tante de Brizegault, seigneurs des Aiglantiers, d'Oiron et du Bois-au-Parc; il vivait en 1494. (*D'Hozier*.) Ses enfants furent :

1° *René*, Iᵉʳ du nom, dont l'article suit :

2° *Guyonne*, mariée, avant 1486, avec Pierre DE LA HAUTONNIÈRE, seigneur dudit lieu et de la Pihoraye, mort en mai 1527;

3° *Guillemine*, femme en 1470 de N... DE CIGONGNE, seigneur de Montigny;

4° *Jeanne*, femme de Jean DU GRENIER, seigneur de la Pelonnière et de la Bretonnière, vivant en 1486. (*D'Hozier*.)

LE CLERC : D'argent à la croix de gueules, bordée d'une engrêlure de sable et cantonnée de quatre aiglettes du même, becquées et armées de gueules.

XVI. *René*, Iᵉʳ du nom, seigneur d'Anthenaise et de la Tannière, vivait en 1487, avec Jeanne LE CLERC, sa femme, sœur de Nicolas le Clerc, seigneur de Juigné, et fille de Jean le Clerc, seigneur de Juigné, et de Marguerite d'Aulnières, sa seconde femme. (*D'Hozier*.) De ce mariage sont provenus :

1° *Louis*, qui suit;

2° *Guillaume*, mort avant le 16 mai 1558; il en est fait mention dans le partage qui eut lieu, à cette date, entre Charles d'Anthenaise et Renée, sa sœur, partage analysé ci-après, au XVIIᵉ degré;

3° *Charlotte*, femme de Jean PERCAULT, seigneur du Margat, de Combrée, la Savinerie et la Blairie, en 1519 et 1554 (*État civil de Contigné*);

4° *Jeanne*, mariée à N... DE FONTAINES, en Normandie;

5° *Catherine*, femme 1° de René LE VICOMTE, seigneur de Villy, de Saint-Germain, etc., vivant en 1528; 2° de Thomas DE LA HAYE, seigneur de la Maillardière;

6° *Ambroise*, mariée 1° avec Patrice DE GOUÉ, seigneur dudit lieu, fils de Thomas de Goué, également seigneur dudit lieu, et de Mathurine de Boisguimault (*Biblioth. de l'Arsenal*); 2° avec N... DE LA HAYE-SAINT-HILAIRE.

XVII. *Louis*, seigneur d'Anthenaise, du Faux et de la Tannière, épousa, en 1515, Jeanne DE CERVON, fille unique et héritière de René de Cervon, seigneur de la Motte-Busson et du Marchais-Arondeau, et de Tiphaine-Perrine de la Sorinière. Il mourut en 1537. (*D'Hozier*, puis *Etat civil de Montilliers.*) Leurs enfants furent :

DE CERVON : D'azur au cerf saillant d'or.

1° *Charles,* seigneur d'Anthenaise et de la Motte-Busson, chevalier de l'ordre du Roi, marié en 1549 avec Madeleine DE CAREL, dame de l'Espinay et de Mélangie. Une sentence fut rendue contre lui, à la sénéchaussée d'Anjou, au profit du Chapitre de l'église d'Angers, pour des vignobles qu'il possédait dans le fief et châtellenie de Saint-Denis-d'Anjou. Prononcée le 8 avril 1543, elle le condamnait à payer audit Chapitre les arrérages de 7 deniers de cens, 5 sous de rente et 1 pipe et 2 coterets de vinage. Il y est dit « héritier de feu noble homme *René d'Anthenaise,* » son grand-père. Par suite de cette sentence, le 11 décembre 1544 accord intervint entre lui et le Chapitre, auquel il promit de payer, désormais, 4 livres tournois, chaque année, au lieu de vin, comme jusqu'alors il en avait eu l'habitude. (Archives de Maine-et-Loire, série G, n° 577, *Seigneurie d'Anthenaise,* t. III, fol. 36, 42, 43, 75 et 76.) Le 16 mai 1558 Charles d'Anthenaise partageait, avec sa sœur Renée, la succession de ses père et mère, et celle de *Guillaume d'Anthenaise,* leur oncle, dans laquelle il lui attribuait les biens suivants : la terre d'Ardenne, sise à Avrillé, près Angers, avec treize quartiers de vigne en dépendant; le domaine de la Roche-Poissonnière, à Saint-Remy-en-Mauges, le lieu de la Soustelaye, paroisse du Pin-en-Mauges, celui des Arcis-Boullaye, à la Poitevinière, des Petites-Belotières, à la Chapelle-Hullin, plus une rente de vingt-sept septiers de blé, due sur les lieux de Chanzeaux, la Guimonnière et le Marchais-Arondeau. (Archives de Maine-et-Loire, série E, n° 1485, *Dossier d'Anthenaise.*) Charles mourut sans enfants, le 15 juin 1576, et sa veuve se remaria avec René Tessier, seigneur de Courcelles;

2° *Germain,* dont l'article suit;

3° *Renée,* dame du Faux, mariée, par contrat du 18 mai 1538, passé devant Ambroise Tartroux, notaire de la cour de Laval, avec Antoine DE LA CHAPELLE, seigneur de la Troussière et de Varennes, fils de Jean de la Chapelle, seigneur des mêmes lieux, et de Christophlette l'Enfant, dame de Varennes. (*Biblioth. de l'Arsenal.*) Par acte du 3 juillet 1577, signé Baudoin, Raimbaud et Guérin, Renée d'Anthenaise, dame de Vaujouas, veuve de noble et puissant seigneur Antoine de la Chapelle, seigneur de Varennes-l'Enfant, et héritière en partie de messire Charles d'Anthenaise, son frère, chevalier de l'ordre du Roi, donna procuration à André Baudoin, seigneur de la Forge, pour faire hommage à la seigneurie de la Rongère, à raison de la terre de la Convenancière. Elle habitait sa terre de Vaujouas, paroisse d'Auvers-le-Hamon (Maine), et laissa deux enfants qui partagèrent sa succession par acte passé devant Guérin, notaire royal au Mans, le 2 décembre 1594, savoir :

A. *François de la Chapelle,* baron de Varennes-l'Enfant, chevalier de l'ordre du Roi ;

B. *Christophlette de la Chapelle,* femme de Charles DE CERVON, seigneur des Arcis, aussi chevalier de l'ordre du Roi.

DE LA FERRIÈRE : D'argent à trois fers de mulet de sable.

DE LANGAN : De sable au léopard d'argent, lampassé, armé et couronné de gueules.

XVIII. *Germain*, seigneur d'Anthenaise, chevalier de l'ordre du Roi en 1569, nommé gouverneur de Fougères dès 1565, fut marié deux fois : 1° avec Jeanne DE LA FERRIÈRE, dame de Pascoux, veuve de Tristan de Langan, seigneur de Bois-Février, capitaine de Rennes et pannetier de la Reine; 2° avec Renée DE LANGAN, dame de Bevreau, en 1572, veuve de N... d'Avoines, et fille de Georges de Langan et de Marie Peschart de Bernières. Germain mourut en 1586 ou avant novembre 1587. (*D'Hozier.*) Ses enfants furent :

Du premier lit :

1° *Françoise,* mariée 1° en 1587, avec Gabriel DES VAUX, seigneur de la Tour-du-Mont; 2° en 1600, avec N... DE MAILLÉ DE LA TOUR-LANDRY ;

2° *Renée,* mariée en 1586 avec Pierre DE LA HAYE, seigneur de la Roche-Bouet et de la Haye-de-Brissarthe, en Anjou, dont un fils, *Urbain,* baptisé le 2 juillet 1604, à Chaumont, près Jarzé (Anjou);

Du second lit :

3° *René,* IIe du nom, qui suit;

4° *Renée,* morte jeune en 1591 ;

5° *Charlotte,* morte en 1592.

LE MASTIN : D'argent à la bande contre-fleurdelisée de six fleurs de lys de gueules.

DE MONTESSON : D'argent à trois quintefeuilles d'azur.

XIX. *René,* IIe du nom, chevalier, baron d'Anthenaise et seigneur de la Motte-Busson, né le 30 octobre 1580, épousa : 1° en 1601, Marie LE MASTIN, fille de Claude le Mastin, seigneur de la Favrière, de Champagné, etc., chevalier de l'ordre du Roi, gentilhomme ordinaire de sa chambre, et de Jeanne de Barbezières, baronne de Nuaillé; 2° par contrat du 9 février 1642, passé devant Portier, notaire résidant à Champgenesteux, Marie DE MONTESSON, fille de défunt messire René de Montesson et de Renée des Rotours ; elle reçut en dot, pour sa légitime, 21,000 livres et un mobilier. René d'Anthenaise est qualifié *baron d'Anthenaise* (1) dans un titre de 1633, passé devant Nicolas Chesneau, notaire à Angers, et relatif à la succession de sa première femme, dont héritaient Claude et Marie le Mastin, ses neveu et nièce. Et dans un accord du 30 juillet 1644, pour partage de sa succession, on voit sa veuve Marie de Montesson, représentée par son frère Charles, retirer son douaire, puis Marie des Vaux et Antoine de la Haye, petite-nièce et petit-neveu du défunt, y réclamer également, au nom de Françoise et de Renée d'Anthenaise, leurs mères, ce qui leur revenait. (Archives de Maine-et-Loire, série E, n° 1485, *Dossier d'Anthenaise.*) René d'Anthenaise mourut donc sans postérité, en 1643, et c'est depuis cette époque que la terre du Plessis-Anthenaise sortit de la famille; mais sa seconde femme vécut encore de longues années, et vint réhabiter le logis paternel, situé paroisse de Bais (Maine), localité dans l'église de laquelle elle fut enterrée. On a même retrouvé sa pierre tumulaire, qui, quelque peu mutilée, maintenant est placée sous le porche du vieux château de Montesson, et présente l'inscription suivante : « CY GIST HAVTE ET PVISSANTE DAME MARIE DE MONTESSON, VEUVE DE HAVT ET PVISSANT SEIGNEVR MESSIRE RENÉ D'ANTENAISE, DÉCÉDÉ LE 20 (?) AVRIL 1690 (?). PRIEZ DIEV POVR SON AME. A SA MÉMOIRE HAVT ET PVISSANT SEIGNEVR MESSIRE JEAN-BAPTISTE, COMTE DE MONTESSON, LIEVTENANT GÉNÉRAL DES ARMÉES DV ROY, LIEVTENANT DES GARDES DV CORPS DE SA MAJESTÉ, GOUVERNEVR DE LA VILLE DE SAINT-QVANTIN, SON NEVEV, A FAIT POSER CETTE PIERRE. » (2)

---

(1) Dans une charte de 1090, analysée page 16, Hamelin d'Anthenaise, Ier du nom, est également qualifié *baron*, et ce titre, commun au moyen âge à tous les grands feudataires du Royaume, fut, très-évidemment, longtemps porté par les aînés de sa famille.

(2) Nous devons ces derniers renseignements à l'extrême obligeance de M. le vicomte Charles de Montesson, du Mans, qui nous les transmettait le 8 janvier 1878.

III

BRANCHE DE VILLERAY & DE ROUILLY.

Du Fresne : D'argent au lion de gueules, lampassé, armé et couronné d'or.

XIV. *Pierre* d'Anthenaise, Ier du nom, écuyer, seigneur de Villeray, fils puîné de Jean d'Anthenaise, IIe du nom, seigneur d'Anthenaise et de Villeray, et de Jeanne Fresnel, dame du Plessis-Fresneau, épousa, par contrat de l'an 1416, Marie du Fresne, fille de Jean, seigneur du Fresne, d'Auverse, etc., etc., et de Perrine d'Andigné. Elle apporta à Pierre d'Anthenaise la terre du Fresne, que ses descendants ont conservée jusqu'en 1594, qu'elle passa, par une alliance, dans la maison de Beauregard. Dans un aveu rendu le 5 novembre 1435, par Jean de la Planche, écuyer, seigneur de Ruillé, en Anjou, à très-noble et puissant seigneur Geoffroi, vicomte de Rochechouart, seigneur de Tonnay-Charente, pour la châtellenie de Ruillé, qu'il tenait à foi et hommage simple de la châtellenie d'Entrames, il est dit que Pierre d'Anthenaise avait vendu à Pierre Cadot cinq quartiers de vigne situés en la mouvance de la châtellenie de Ruillé. (*Archives du château de Ruillé.*) Pierre d'Anthenaise a laissé, entr'autres enfants, Jean III, qui suit.

Bineu : Leurs armes nous sont inconnues.

XV. *Jean* d'Anthenaise, IIIe du nom, écuyer, seigneur de Villeray, de Villepuy, du Fresne, etc., épousa, en 1440, sa cousine germaine Guyonne Bineu, fille aînée et principale héritière de messire Jean Bineu (1), chevalier, seigneur du Port-Joulain, terre située dans la commune de Marigné-sous-Daon, arrondissement de Segré. Elle le rendit père de :

1o *Aymeric*, IIIIe du nom, qui suit;

2o *Jeanne-Marguerite*, mariée avec Pierre *Vachereau*, son parent du 9e au 10e degré, seigneur des Chesnaies et de Chevillé, maître d'hôtel du roi de Sicile. (*D'Hozier.*)

XVI. *Aymeric* d'Anthenaise, IIIIe du nom, écuyer, seigneur de Villeray, de Villepuy, du Port-Joulain, de la Haye-sur-

---

(1) Voir plus haut, page 36, au XIIIe degré. Ce Bineu, chevalier, seigneur du Port-Joulain, fut le dernier de sa race ; aussi ses armes, que personne n'eût intérêt à signaler, n'ont-elles été, depuis le xve siècle, figurées ou blasonnées par aucun armoriste.

Coulemont, etc., épousa en 1472 Jeanne DE LA CHAPELLE, qui, veuve en 1507, date d'un partage qu'elle fit avec ses enfants, testa le 15 septembre 1523. Elle transigea, le 11 février 1525 (*v. st.*), avec Jean et François, ses fils. (*D'Hozier.*) Elle en avait eu quatre :

DE LA CHAPELLE : D'or à la croix de sable.

1° *Jean*, dont la destinée, ultérieurement au partage de 1525, est restée ignorée ;

2° *Jacques*, qui a continué la descendance ;

3° *François*, marié avec Anne LE CLERC, laquelle était veuve lors d'une transaction qu'elle passa le 26 juin 1552 avec Jean d'Anthenaise, son neveu ;

4° Autre *Jean*, curé du Houssay, puis de Poulay, au Maine, décédé en la Cour du Port-Joulain, vers le milieu du mois de novembre 1557. (*État civil de Marigné-sous-Daon.*)

XVII. *Jacques* D'ANTHENAISE, écuyer, seigneur du Fresne, de Villeray, de Villepuy, du Port-Joulain, etc., partagea, le 23 mars 1507, avec Jean Vachereau, son cousin, la succession de Jean Bineu, leur grand-oncle. Jacques d'Anthenaise comparut à l'arrière-ban d'Anjou, en 1535. (*Arrêt de la Chambre établie pour la réformation de la Noblesse de Bretagne, du* 20 *mai* 1669.) Il épousa : 1° le 25 mars 1506, Françoise DE FROULAY, fille de Guillaume de Froulay, seigneur de Beauquesne, et de Catherine de Chauvigné. (*Histoire des grands officiers de la Couronne*, t. VII, p. 668) ; 2° Renée DE BOUILLÉ, laquelle était veuve le 27 juillet 1539, et dont il n'eut pas d'enfants. On lui rendit hommage pour sa terre de Villeray, en 1509 et 1521, et René, seigneur de l'Isle, dont relevaient ses fiefs, reçut le sien le 2 septembre 1531. (*D'Hozier.*) Il eut de Françoise de Froulay, sa première femme :

DE FROULAY : D'argent au sautoir de gueules engrêlé de sable.

DE BOUILLÉ : D'argent à la fasce de gueules, fretté d'or, accostée de deux cotices du second émail.

1° *Jean*, IVᵉ du nom, qui suit ;

2° *Anne*, mariée, par contrat du 18 août 1530, à Jean DE PENNART, écuyer, seigneur de Chantepie, etc., lequel transigea avec Jean d'Anthenaise, son beau-frère, le 14 janvier 1539 (*v. st.*) ;

3° *Catherine*, mariée avec Jean DE FROMENTIÈRES, seigneur de Mellé, fils d'André de Fromentières et de Jeanne de Montaillé. (*Biblioth. de l'Arsenal.*)

XVIII. *Jean* D'ANTHENAISE, IVe du nom, écuyer, seigneur de Villeray, du Fresne, du Port-Joulain et de la Haye-sur-Coulemont. Le 8 avril 1540 il fit connaître devant le lieutenant général de la sénéchaussée d'Anjou, qu'il tenait en fief et arrière-fief, en ladite sénéchaussée : la maison du lieu du Port-Joulain, avec les cours, issues, garennes, bois marmentaux et taillables, prairies, terres, vignes et dépendances; les moulins du Port, en la rivière de Maine, et partie des métairies de Coullouge et de la Villière, lesdites choses évaluées 100 livres de revenu annuel. La courtillerie de la Mouésardière, évaluée 10 livres de revenu. La métairie de la Tremblaye, sise près ledit Port, évaluée, toutes charges déduites, 15 livres de revenu. La closerie de la Feunysière, et un petit fief, évalués, charges déduites, 60 sols de revenu. Une prée et un fief, évalués 10 livres de revenu. Et partie de la closerie des Noës, évaluée 5 livres de revenu. Il déclarait aussi tenir du Roi, par grâce spéciale, droit de maison forte, de justice patibulaire, et de fuie, avec garenne défensable à poil et à plume. (Archives de Maine-et-Loire, série C, n° 106, fol. 407; et série E, n° 1485, *Dossier d'Anthenaise.*) Il épousa : 1° par contrat du 4 février 1539, Simonne DE CHAMPAGNE, fille de Pierre de Champagne, chevalier, seigneur dudit lieu, de Pescheseul, de la Motte-Achard, de Parcé, d'Avoise, de Vallon, premier baron du Maine, chevalier de l'ordre du Roi, et d'Anne de Fromentières, dame du Plessis-Fromentières. Simonne de Champagne fut inhumée en la chapelle du Port-Joulain, le 18 avril 1564 (*Etat civil de Marigné*); 2° Catherine D'ABATANT. On trouve un aveu de Lescoublère, terre relevant du Port-Joulain, rendu, en 1559, à Jean d'Anthenaise, seigneur de Villeray, du Fresne et du Port-Joulain. Il fit son testament le 28 octobre 1574, et ne vivait plus le 29 avril 1575. A cette époque Catherine d'Abatant, sa veuve, transigea avec Pierre, son fils aîné. Ses enfants furent :

DE CHAMPAGNE : De sable fretté d'argent, au chef du même, chargé d'un lion issant de gueules.

D'ABATANT : De gueules au lion d'argent, armé, lampassé et couronné d'or.

Du premier lit :

1° *Pierre,* IIe du nom, qui suit;

2° *Jean,* Ve du nom, auteur de la BRANCHE DITE DU PORT-JOULAIN, mentionnée à son rang;

3° *Christophe*, mort avant le 25 mars 1584;

4° *François*, qui ne vivait plus à cette même époque;

5° *Andrée*, baptisée à Champigné, le 23 août 1556; elle eut pour parrain Jean d'Anthenaise, prêtre, curé de Poulay, au Maine;

Du second lit :

6° *Urbain*, Ier du nom, marié avec Charlotte DE VAUX; il a pu être père de :

A. *Jean*, } baptisés en l'église de Marigné, en 1610;
B. *Renée*, }

7° *Madeleine*, dame du Fresne, mariée, en 1594, avec Honorat-Benjamin DE BEAUREGARD, auquel elle porta la terre du Fresne; elle mourut en 1620.

XIX. *Pierre* D'ANTHENAISE, IIe du nom, chevalier, seigneur de Villeray, de la Haye, du Petit-Bois, du Port-Joulain, de Vaujouas et de la Bigne, épousa, par contrat du 11 août 1574, Madeleine DE LOISEL, fille de Pierre de Loisel, seigneur de Brinon, et de Marie de Poislé. Il produisit ses titres devant les commissaires aux francs-fiefs, à Angers, et fut maintenu dans sa noblesse, en 1586. Pierre d'Anthenaise suivit avec un zèle outré le parti de la Ligue; lors de la surprise du château de Lassay, le 15 juin 1589, il tua un mestre de camp d'infanterie chargé de la défense de cette place, et dut s'enfuir pour de longues années, ce qui le ruina presque entièrement (*D'Hozier*), et sans doute aussi le força de vendre, en 1590, le Port-Joulain à Jean d'Anthenaise, son frère, seigneur de la Bigne, lieutenant de Roi à Craon, et souche de la BRANCHE DU PORT-JOULAIN, rapportée plus loin. Pierre d'Anthenaise fut déchargé du ban et arrière-ban, le 14 mars 1597, à raison de ses services. Lui et sa femme émancipèrent Urbain et Pierre, leurs fils, le 10 janvier 1612. (*Id.*) Il vivait encore en 1620. De leur union sont provenus :

DE LOISEL : De sable à trois croissants d'argent.

1° *Urbain*, IIe du nom, dont l'article suit;

2° *Pierre*, IIIe du nom, auteur de la BRANCHE DE LA PITELLERIE, rapportée ci-après;

3° *René*, écuyer, seigneur du Til et d'Ouville, paroisse de Saint-Léger-sur-Sarthe, baptisé le 8 décembre 1593, marié, par contrat du 30 juin 1624, avec Gilberde DE L'ESTANG (*D'Hozier*), de laquelle il eût :

A. *Jacques*, écuyer, seigneur d'Ouville. Lui et son frère étaient sous la tutelle de Claude d'Anthenaise, seigneur de la Pitellerie, leur cousin, suivant acte du 1er octobre 1653. Jacques était âgé d'environ 31 ans, et non marié, lors de la production des titres de sa famille devant M. de Marle, intendant d'Alençon, le 4 juin 1666;

B. *Charles*, écuyer, âgé de 24 ans, et non marié, le 4 juin 1666;

C. *Marie*, baptisée le 27 juin 1637, à Saint-Germain d'Angers;

D. *René*, baptisé le 28 août 1641, même église;

E. *Nicole*, baptisée le 10 juillet 1645, même église;

4° *François*, écuyer, seigneur d'Ouville et des Bois, vivant le 27 septembre 1623;

5° *Nicole*, née en 1576, mariée, le 16 novembre 1600, avec Nicolas DE LA BARRE, seigneur des Fondreaux. Elle était veuve en 1637 et fut inhumée, en l'église de Marigné, le 26 janvier 1662, âgée de 86 ans;

6° *Françoise*, baptisée le 18 août 1596;

7° *Renée*, mariée à François DE BONENFANT, écuyer;

8° *Anne*, mineure en 1619. Elle était mariée, le 27 septembre 1623, avec Paul de COURDEMANCHE, écuyer, seigneur de Saint-Père;

9° *Marie*. Elle vivait le 12 mars 1637.

XX. *Urbain* D'ANTHENAISE, IIe du nom, écuyer, seigneur de Rouilly et du Douet, demeurant paroisse du Douet-Arthus, près Heugon, élection de Lisieux, émancipé avec Pierre, son frère, le 10 janvier 1612, fut élu tuteur de ses frères et de sa sœur Anne, le 29 janvier 1619. Il transigea avec eux en 1623, fit un échange, le 21 novembre 1626, avec Charles Fortin, écuyer, seigneur de Courpalin, et Julienne le Royer, sa femme, puis un autre, le 16 octobre 1632, avec Emmanuel-Philbert de Gruel, écuyer, seigneur de Touvoye. Il s'allia, par contrat du 25 juin 1633, avec Louise DE BOCQUENCEY, laquelle vivait encore le 5 novembre 1656 et était fille de Jean de Bocquencey, écuyer, seigneur du Chesne, et de Catherine de Mallevoue. Urbain fut maintenu dans sa noblesse par jugement des commissaires généraux députés dans la généralité d'Alençon, du 27 mars 1641. (*D'Hozier*.) De son mariage sont issus, entre autres enfants, deux fils :

BOCQUENCEY : ...gent au tronc ...bre arraché et ...llé de sinople, ...lequel un éper... ...de gueules ...iète et bec... ...ile une perdrix ...même.

1° *Claude*, Ier du nom, qui suit;

2° *Pierre*, écuyer, seigneur du Douet, paroisse du Douet-Arthus. Il est mentionné dans un acte du 5 novembre 1656. Il épousa, par contrat du 12 septembre 1662, Marguerite D'ORVILLE, obtint une sentence contre Pierre Alix et Marie Durand, sa femme, le 1er mars 1664, et fut compris dans l'acte de production des titres de sa Maison, délivré à Claude d'Anthenaise, son frère, le 4 du mois de juin 1666. Le 9 mars 1665, on voit sur les registres de l'état civil de Glos-la-Ferrière, près Laigle, qu'il fut parrain de Pierre d'Espinay, fils de René d'Espinay, écuyer, seigneur de la Pittière, famille noble dont une branche habite présentement [1878] Loudun et Angers. Il était alors âgé d'environ 29 ans. Il fit enregistrer ses armes [*bandé d'argent et de gueules, de six pièces*] à l'Armorial de la généralité d'Alençon (fol. 264), en 1698. Son fils :

Claude, était âgé de deux ans le 4 juin 1666.

XXI. *Claude* d'ANTHENAISE, Ier du nom, écuyer, seigneur de Rouilly et de Poislé, demeurait en la paroisse de Saint-Léger-sur-Sarthe, bailliage et élection d'Alençon, lorsqu'il fut maintenu contre Pierre d'Avesgo, seigneur de la Bretonnière, le 15 octobre 1659, dans la possession du banc qu'il avait dans l'église paroissiale de Laleu. (*D'Hozier.*) Comme fils aîné, il eut pour patrimoine la terre de Rouilly, suivant acte du 5 octobre 1655. Il fit un partage avec Pierre d'Anthenaise, son frère, le 5 novembre 1656, en présence de leur mère, et s'allia, par contrat du 26 août 1664, avec Françoise-Geneviève DE CHANDEBOIS, fille d'Emmanuel de Chandebois, écuyer, seigneur de la Haye, et de Geneviève du Chastel. Leur contrat est rappelé dans une sentence du 12 octobre 1665; et le 20 décembre de la même année il donna l'aveu et dénombrement de la seigneurie de Rouilly à Pierre d'Avesgo, écuyer, seigneur de la Bretonnière. (*D'Hozier.*) Claude et Pierre d'Anthenaise produisirent leurs titres de noblesse devant M. de Marle, intendant d'Alençon, et reçurent acte de cette production le 4 juin 1666. Claude était alors âgé d'environ 31 ans. Il eut deux fils :

DE CHANDEBOIS : D'azur à trois croissants d'argent, au chef cousu de gueules et chargé d'un demi-vol d'aigle d'or entre deux membres de griffon adossés, du même.

1° *Claude,* II° du nom, qui suit;

2° *André,* écuyer, vivant en 1698.

XXII. *Claude* d'ANTHENAISE, IIe du nom, écuyer, seigneur de Rouilly et de Poislé, partagea avec son frère André la succession de leur père, le 15 juillet 1698. Il fit enregistrer ses armes [*bandé d'argent et de gueules, de six pièces*], à l'Armorial de la généralité d'Alençon (fol. 187). Il épousa, par

DE COURDEMANCHE : D'azur à trois lacs d'amour d'or, en pal.

contrat du 10 novembre 1708, Anne-Thérèse DE COURDEMANCHE, fille de Henri de Courdemanche, écuyer, seigneur du Bois, et de Catherine du Challet. Ils ont eu, entre autres enfants :

Henri-Geoffroi, né le 7 novembre 1717, reçu page de la Reine le 7 juillet 1733, sur titres produits remontant à Jacques d'Anthenaise, son cinquième aïeul, seigneur du Fresne, marié, le 25 mars 1506, avec Françoise de Froulay. (*Armorial général de France,* registre Ier, première partie, p. 20.) M. d'Hozier décrit les armes de Henri-Geoffroi : *Bandé d'argent et de gueules, de huit pièces.* (1)

Le dernier rejeton mâle de cette Branche de Normandie est décédé en 1802, ne laissant que deux filles.

---

(1) Preuves certifiées par Louis-Pierre d'Hozier, juge d'armes de France, à la Reine et à très-haut et très-puissant seigneur messire René Mans de Froulay, son premier écuyer, comte de Tessé, lieutenant général des armées du Roi, chevalier des ordres et grand d'Espagne. (*Expédition délivrée par M. d'Hozier, à Versailles, le 20 du mois de septembre 1838.*)

IV

BRANCHE DE LA PITELLERIE.

XX. *Pierre* D'ANTHENAISE, IIIe du nom, écuyer, seigneur dudit lieu et de la Pitellerie, fils puîné de Pierre d'Anthenaise, IIe du nom, chevalier, seigneur du Port-Joulain, de Villeray, etc., et de Madeleine de Loisel, fut maintenu dans sa noblesse, avec Urbain d'Anthenaise, son frère aîné, par jugement des commissaires aux francs-fiefs députés dans la généralité d'Alençon, du 27 mars 1641. (*D'Hozier.*) Pierre avait fait un partage avec ses frères, le 21 septembre 1623, et s'était allié, par contrat du 2 janvier 1622, avec Marie DES FAVERIES, fille de Philippe des Faveries, écuyer, seigneur du Chesnay, et de Catherine de Pluviers. De leur mariage sont provenus, entre autres enfants :

DES FAVERIES : D'azur au chevron d'argent, accompagné de trois losanges du même.

1° *Claude*, III° du nom, dont l'article suit;

2° *Claude*, IV° du nom, écuyer, seigneur du Parc-Cotteron. Il eut avec Claude d'Anthenaise, écuyer, seigneur de la Pitellerie, son frère aîné, pouvoir de tirer et chasser sur leurs terres, par sentence du 16 mai 1656, rendue contre Pierre de Loisel, écuyer, seigneur de Saint-Léger. (*D'Hozier.*) Marie FROGER, sa veuve, fut nommée, le 9 mars 1658, tutrice de leur fils :

Pierre, IV° du nom, écuyer, auquel fut commun l'acte de production des titres de sa famille devant l'intendant d'Alençon, le 4 juin 1666. Il était alors âgé de 16 ans.

XXI. *Claude* D'ANTHENAISE, IIIe du nom, écuyer, seigneur de la Pitellerie, baptisé le 21 janvier 1624, servit sous le marquis de Saint-Simon-Courtomer, suivant un certificat du 18 juin 1642. Il s'allia, par articles du 4 février 1649, reconnus le 6 août suivant, avec Françoise DE TRONSON, fille de Robert de Tronson, écuyer, sieur dudit lieu, gentilhomme de la vénerie du Roi, et de Florence d'Aureville. Claude d'Anthenaise fut compris dans l'acte de production des titres de sa famille devant M. de Marle, intendant de la généralité d'Alençon, du 4 juin 1666. Il était alors âgé de 44 ans. Il eut pour fils François, dont on va parler.

DE TRONSON : Coupé : au 1 d'azur à trois fleurs de coudrier tigées, d'or ; au 2 d'argent, maçonné de sable.

XXII. *François* d'Anthenaise, Ier du nom, écuyer, seigneur de la Pitellerie, né le 2 mars 1650, épousa, par articles du 31 décembre 1674, reconnus le 15 mai 1675, Madeleine Le Fleuriel. Il fit enregistrer ses armes [*bandé d'argent et de gueules*] (1), à l'Armorial de la généralité d'Alençon (fol. 187). François eut pour fils, Claude, V^e du nom, qui suit.

Le Fleuriel : D'argent au chevron de gueules, accompagné de trois quintefeuilles du même.

XXIII. *Claude* d'Anthenaise, V^e du nom, écuyer, seigneur de la Sauvagère, né le 5 avril 1686, épousa, par articles du 19 novembre 1713 (mariage bénit le 8 février 1714), Marie-Jeanne Moynet, fille de Henri Moynet, écuyer, seigneur de la Salmondière, et de Jacqueline Riou. (*D'Hozier.*) De ce mariage est issu, entre autres enfants, Claude-Henri, qui suit.

Moynet : Écartelé : aux 1 et 4 d'argent, au chevron de gueules, accompagné en pointe d'un croissant de sable ; aux 2 et 3 d'argent, à trois fasces d'azur.

XXIV. *Claude-Henri* d'Anthenaise, écuyer, seigneur de la Pitellerie, baptisé le 1er février 1715, épousa, par contrat du 5 février 1743 (mariage bénit le 19 du même mois), Marie-Thérèse Chemin, de laquelle il eut :

Chemin : D'argent à la croix de gueules, posée sur deux degrés de sable ; l'écu cantonné de quatre croissants d'azur.

Charles-Claude, né le 6 mai 1748, reçu page de la Reine d'après le certificat de ses preuves de noblesse remontant à Jean d'Anthenaise, son sixième aïeul, seigneur du Port-Joulain, marié, le 4 février 1539, avec Simonne de Champagne ; certificat donné par Pierre-Louis d'Hozier, conseiller du Roi en ses conseils, juge d'armes de France, le 24 avril 1761. (*Expédition délivrée par M. d'Hozier, à Versailles, le 2 septembre 1838.*)

---

(1) Le nombre des pièces n'est pas exprimé. C'est par erreur qu'au folio 557 du même Armorial, ses armes ont été décrites : *d'azur à trois chevrons d'or.* Ni lui, ni aucun des siens n'ont jamais porté ces armoiries.

V

BRANCHE DU PORT-JOULAIN.

XIX. *Jean* D'ANTHENAISE, V^{e} du nom, écuyer, lieutenant pour le Roi au gouvernement de la ville et du château de Craon, seigneur de la Bigne, puis du Port-Joulain, par acquisition, en 1590, de Pierre d'Anthenaise, son frère aîné, second fils de Jean d'Anthenaise, IVe du nom, seigneur de Villeray, du Port-Joulain, etc., et de Simonne de Champagne. Il naquit le 8 août 1561, et fut baptisé le même jour à Champigné. Le 25 mars 1584, il fit un partage avec Pierre d'Anthenaise et s'allia, par contrat du 19 décembre 15[illegible]2, à Françoise DE TEILLÉ, fille de George de Teillé, seigneur des Moulins-Vieux, et de Barbe le Clerc. (*Biblioth. de l'Arsenal*, *Chevaliers de Saint-Jean de Jérusalem*, *prieuré d'Aquitaine*, p. 748.) Jean d'Anthenaise céda ses biens à son fils le 14 février 1629. Il fut inhumé en la chapelle du Port-Joulain le 17 mars 1639. (*Etat civil de Marigné.*) Ses enfants furent :

DE TEILLÉ : De gueules à la bande d'or chargée de cinq losanges de gueules.

1° *François*, IIe du nom, dont l'article suit;

2° *Anne*, mariée, par contrat du 28 avril 1622, avec Pierre DE LA VALETTE, écuyer, seigneur du Bois-Mellet;

3° *Charlotte*, dame de la Charrouillère. Elle vivait en 1678.

XX. *François* D'ANTHENAISE, IIe du nom, écuyer, seigneur du Port-Joulain, la Bigne, la Bérardière, puis de la Bouchetière, paroisse de la Chapelle-Saint-Laud, terre qu'il possédait encore en 1635, et sur laquelle s'élevait un ancien château ayant tours d'angles et douves pleines, mais qui passa aux mains, en 1637, d'Olivier du Fresne, lequel la donna pour dot à sa fille Françoise, femme de Pierre Ayrault, conseiller au Parlement de Bretagne. (*Diction. histor. de Maine-et-Loire,* t. I, p. 430.) François d'Anthenaise épousa, par contrat du 17 avril 1618 (mariage bénit le 2 juin suivant dans la chapelle du château de Charnacé), Marie DE CHARNACÉ, fille de Jacques de Charnacé, chevalier, seigneur de Charnacé,

DE CHARNACÉ : D'azur à trois croisettes pattées d'or.

conseiller au Parlement de Bretagne, et d'Adrienne le Paigné de la Juzelais. Marie de Charnacé fut inhumée en la chapelle du Port-Joulain, le 14 avril 1637. François d'Anthenaise, mort à Charchigné (Maine), avait été enterré dans l'église paroissiale de ce lieu, le 6 décembre 1648. Son corps fut exhumé et transporté en la chapelle du Port-Joulain, le 10 du même mois. (*Etat civil de Marigné.*) De son mariage sont issus :

1° *René*, seigneur de la Bérardière, inhumé en la chapelle du Port-Joulain le 26 septembre 1645. Il n'était pas marié. Son frère Charles fut son héritier principal;

2° *François*, IIIe du nom, baptisé le 7 juillet 1620, mort avant son frère Charles;

3° *Charles*, Ier du nom, qui suit;

4° *Julien*, baptisé au Port-Joulain le 16 décembre 1634. Il se maria à 57 ans, par contrat passé devant Journel, notaire à Grez-Neuville, le 27 septembre 1691, avec Renée ESNAULT DE LA GIRARDIÈRE, fille de Renée Pasqueraye et de Pierre Esnault de la Girardière, seigneur dudit lieu et de l'Aulnaye, et gentilhomme ordinaire de la chambre du Roi. (Archives de Maine-et-Loire, série E, n° 1485, *Dossier d'Anthenaise*);

5° *Auguste*, auteur de la BRANCHE DE SAINT-PHILBERT, rapportée ci-après;

6° *Joseph*, né à la Bouchetière et baptisé le 27 septembre 1632, à la Chapelle-Saint-Laud, mort avant l'année 1665;

7° *François*, IVe du nom, né à la Bouchetière et baptisé le 7 janvier 1634, à la Chapelle-Saint-Laud;

8° *Charlotte*, baptisée le 3 juin 1622;

9° *Marie*, née à la Bouchetière et baptisée le 9 mai 1627, à la Chapelle-Saint-Laud, mariée le 18 juin 1651, en l'église Saint-Aignan d'Angers, avec René DE PENNART, écuyer, seigneur du Port-de-Miré, fils de François de Pennart, écuyer, et de Perrine de Quatrebarbes, dame de la Guedonnière;

10° *Elisabeth*, née à la Bouchetière et baptisée le 28 novembre 1629, à la Chapelle-Saint-Laud;

11° *Anne*, née à la Bouchetière et baptisée le 19 juin 1631, à la Chapelle-Saint-Laud; décédée au château du Port-Joulain, et inhumée le 16 avril 1694 dans la chapelle dudit lieu.

XXI. *Charles* D'ANTHENAISE, Ier du nom, écuyer, seigneur du Port-Joulain, de la Bigne, etc., épousa, par contrat du 5 janvier 1646, Anne LE PAIGNÉ, fille aînée et héritière de Louis le Paigné, seigneur de la Charrouillère, près Nantes,

LE PAIGNÉ : De gueules à trois peignes d'or.

de la Touche, de la Bourdelière, et de dame Jeanne Richerot. Charles d'Anthenaise, à l'exemple de son père et de son aïeul, avait porté le nom de *la Bigne,* en négligeant d'y joindre celui d'Anthenaise. Les habitants de Marigné-sous-Daon refusèrent alors de payer à M. de la Bigne les droits qu'ils devaient à M. d'Anthenaise ; de là, procès que gagna M. de la Bigne, et par lequel ils furent condamnés à payer les frais et dépens. Anne le Paigné était veuve de Charles d'Anthenaise le 3 décembre 1665, et demeurait en la paroisse de Vallet, évêché de Nantes. Elle obtint acte de la représentation des titres de noblesse de ses enfants (dont elle était tutrice), et d'Augustin d'Anthenaise, son beau-frère, le 10 juin 1667, par-devant M. Voisin de la Noiraye, intendant de la généralité de Tours. Elle avait eu de Charles Ier d'Anthenaise, outre plusieurs enfants morts au berceau :

1° *Charles*, II° du nom, qui suit ;

2° *Jacques,* mort en bas âge ;

3° *Jeanne-Marguerite,* baptisée le 20 juin 1649. Elle eut pour parrain, haut et puissant seigneur Jean de Montallais, chevalier, seigneur de Chambellé, de Marigné, etc., et pour marraine Jeanne Richerot, dame de la Charrouillère ;

4° *Charlotte.*

XXII. *Charles* d'Anthenaise, IIe du nom, chevalier, seigneur du Port-Joulain, de la Jaille-Yvon, de Montguillon, de Landifer, de la Touche et de la Charrouillère, paroisse de Vallet, en l'évêché de Nantes, lieutenant de Roi en la ville de Château-Gontier, fut maintenu dans sa noblesse d'extraction par arrêt de la Chambre établie pour la réformation de la Noblesse de Bretagne, du 20 mai 1669 (1). Ses armes, visées

---

(1) A raison de cet arrêt, la généalogie de Charles d'Anthenaise se trouve mentionnée dans deux manuscrits in-fòlio, cotés n°s 744 et 1374, de la Bibliothèque de l'Arsenal, intitulés *Noblesse de Bretagne.* Cette généalogie, qui ne remonte pas au delà de 1522, est pleine d'erreurs dans les filiations et l'orthographe des noms de terre. En tête de l'une, nonobstant la description des armes, qui porte que les *trois jumelles* doivent être *en bande,* l'armoriste les a peintes *en barre.* Ces manuscrits sont curieux ; mais on doit y puiser avec précaution, et s'assurer, par d'autres documents, de l'exactitude du texte.

dans cet arrêt (voir, à la Biblioth. de l'Arsenal, l'Armo ms de Bretagne), sont d'*argent à trois jumelles de gueules bande;* il les fit enregistrer ainsi au folio 421 de l'Armo de la généralité de Tours, en 1698. Il fit reconstrui château du Port-Joulain, et mourut le 30 novembre 1' Il avait épousé, en l'année 1688, Jeanne Olivier, de laqu il eut :

Olivier : D'argent à un olivier terrassé de sinople.

1° *Charles,* IIe du nom, né le 1er avril 1692, baptisé le 10 janvier mort jeune;

2° *Pierre-René,* né le 14 avril 1693. Il fut baptisé le 15 avril 169 eut pour parrain René du Guesclin, chevalier, seigneur de coublère, et pour marraine dame Elisabeth de Sainte-Ma épouse de messire Prosper d'Anthenaise, chevalier, seigneu la Raillière, près Beaupréau (*Etat civil de Marigné*);

3° *Charles-Auguste,* né au Port-Joulain le 9 juin 1694;

4° *Aymeric-Louis,* baptisé le 31 octobre 1695. Il eut pour par haut et puissant messire Louis de Rougé, seigneur des Rues.

5° *Jean-Baptiste-Prosper,* né le 20 septembre 1698 et baptisé le 2 même mois. Il eut pour parrain Prosper d'Anthenaise, seig de la Raillière. Il fut religieux bénédictin de la congrégatio Saint-Maur. Le 2 juillet 1722, alors âgé de 24 ans, il soutint le réfectoire de l'abbaye de Saint-Aubin d'Angers, en présenc l'Université, du Chapitre de Saint-Maurice, du Présidial, Maire, des Echevins et de M. d'Autichamp, lieutenant du une thèse de philosophie qu'il avait dédiée à Louise-Adél d'Orléans, abbesse de Chelles, et fille du Régent. Habile grav on connaît aussi, de lui, un très-beau portrait de cette m abbesse — le Musée d'Angers en possède un exemplaire — au duquel on lit ces mots, dans l'encadrement : *Prosper d'An naise, mon. benedic.* (Bibliothèque d'Angers, Thorode, *Manu* n° 1004.) Quatre de ses frères, et la plupart des fils de Fran d'Anthenaise, ayant péri dans les guerres du règne de Louis sa mère voulut demander au Saint-Siége de le relever de vœux ; mais Jean-Baptiste-Prosper refusa constamment d prêter à cette démarche de sa famille, et mourut en l'abbay Marmoutier de Tours.

6° *Marie-Marquise,* née le 18 août 1689, baptisée le 30 octobre 1 morte le 17 septembre 1762, elle fut enterrée le 18 dans l'é de Marigné, par le curé de la Jaille-Yvon, l'abbé Bertin; elle âgée de 74 ans et dame du Port-Joulain, la Jaille-Yvon, M guillon, Crosme, Landifer, etc. (*Etat civil de Marigné.*) Elle pour parrain, Jean, seigneur de la Motte-Baracé, marquis Senonnes. Héritière de sa Branche, elle en porta les biens à mari, Achille-Roland DE BARRIN, chevalier, seigneur de Fromenteau, du Pallet, etc., conseiller au Parlement de Bretagne, dont elle eut plusieurs enfants (1), et qui mourut en 1758. (Archives de Maine-et-Loire, série E, n° 1485, *Dossier d'Anthenaise.*)

7° *Constance,* née au Port-Joulain le 18 novembre 1690, baptisée en la chapelle dudit lieu le 23 mai 1693. Elle eut pour parrain messire Pierre du Bois, seigneur de Maquillé, et pour marraine demoiselle Anne-Constance de Montalais, dame de Chambellé, de Marigné, etc.

---

(1) Le *Port-Joulain* passa ensuite à Mme la marquise de Montbel, née de Barrin, aux héritiers de laquelle M. Max Richard, conseiller général et député de Maine-et-Loire, l'acheta en 1865. « L'habitation — dit Célestin Port (*Diction. histor. de Maine-et-Loire,* t. III, p. 161) — qui couvre et domine, sur la rive même, un des coudes les plus pittoresques de la Mayenne, forme un grand hôtel rectangulaire surmonté de ses anciennes girouettes armoriées, et décoré vers nord d'une haute terrasse avec balustrade de pierres. Vers l'est ressort en saillie le pignon du chœur de l'ancienne chapelle, éclairé par une jolie fenêtre à meneau. En amont apparaissent les ruines du moulin, où campait pendant la chouannerie un poste républicain. Assailli en mai 1794 par la troupe de Coquereau, il le força à la retraite, mais s'y laissa surprendre le 25 floréal an III par un retour des bandes. »

VI

BRANCHE DE SAINT-PHILBERT

la seule actuellement représentée.

XXI. *Augustin* D'ANTHENAISE, Ier du nom, chevalier, seigneur de la Boulaie, la Raillière, la Fontaine, Bois-Girault, etc., né au Port-Joulain, le 14 janvier 1637, fils puîné de François d'Anthenaise, écuyer, seigneur du Port-Joulain, la Bigne, la Bérardière, etc., et de Marie de Charnacé, épousa 1° par contrat passé devant René Vallier, notaire à Montfaucon, le 30 mars 1662, mariage célébré le 12 mai suivant en l'église paroissiale de la Renaudière, Charlotte DE GOURDON, fille de Jacques de Gourdon, écuyer, seigneur des Coteaux, et de Suzanne de la Poëze, et veuve de messire Henri de Terves, seigneur de Bois-Girault, paroisse de Saint-Philbert, terre qu'elle apporta dans la famille d'Anthenaise. Charlotte de Gourdon décéda le 7 mars 1675 et fut enterrée dans l'église de la Renaudière (*Etat civil de la Renaudière*); 2° Marie D'ANDIGNÉ, le 9 juillet 1677, en l'église de la Trinité d'Angers, et qui mourut dès le 5 septembre 1678, et fut aussi enterrée dans l'église de la Renaudière. Elle était fille de François d'Andigné, chevalier, seigneur de la Pouquenaie, et d'Hélène de la Chesnaie; 3° Ursule DE BRISSAC, veuve de noble homme Christophe Duval, seigneur des Buissons, par contrat passé le 12 août 1679, devant René Raffray, notaire à Angers, mariage célébré le 30 dudit mois en l'église de la Trinité d'Angers. Elle mourut le 26 juin 1686, et l'on voit dans une sentence qui fut rendue le 9 décembre suivant, par le Présidial d'Angers, pour régler le partage de sa succession, qu'elle était née de l'union illégitime d'un Cossé-Brissac, ainsi que sa sœur Renée et son frère Joseph. Ce qui ne nuisit en rien, cependant, à leur établissement, puisque Renée épousa Jacques de Girard de Charnacé, écuyer,

DE GOURDON : D'azur au croissant d'argent, accompagné de trois roses de même.

D'ANDIGNÉ : D'azur à trois aigiettes de gueules, becquées et membrées d'azur.

DE BRISSAC : De sable à trois fasces denchées d'or, chargées d'un pal de gueules.

seigneur de Gastines, et que son frère, Joseph de Brissac, écuyer, seigneur des Chanières, prit pour femme Elisabeth de la Fontaine de Follin, Maisons bien connues pour appartenir à la vieille noblesse angevine. (Archives de Maine-et-Loire, série E, n° 1485, *Dossier d'Anthenaise.*) Augustin d'Anthenaise fut inhumé dans l'église de la Renaudière, le 21 du mois de décembre 1687. (*Ibid.*) Ses enfants furent :

Du premier lit :

1° *Augustin,* IIe du nom, né à la Renaudière le 26 avril 1663. Il eut pour parrain Prosper de Collasseau et mourut en bas âge;

2° *Augustin,* IIIe du nom, né à la Raillière, commune de la Renaudière, le 30 juillet 1665. Il est qualifié, dans les actes, chevalier, seigneur de Bois-Girault, terre dont il hérita à la mort de sa mère. Il épousa dame N... DE VILLENEUVE DE CAZO, paroisse du May. En 1700 il acheta la Cour de Saint-Philbert-en-Mauges, terre que possède toujours la famille d'Anthenaise (1). Il fit enregistrer ses armes [*d'argent à trois jumelles de gueules, en bande*] à l'Armorial général de Tours (fol. 97). En 1728 il présenta à la nomination de l'évêque d'Angers, Jean Thareau comme aumônier de la chapelle Notre-Dame-de-Piété, qu'il avait établie en son château de Bois-Girault. Il mourut sans enfants, assassiné par son domestique, un jour de Pâques, en revenant de l'église. Après lui, Bois-Girault demeura quelque temps encore aux d'Anthenaise, puis revint aux héritiers de sa mère, par acte consenti le 13 mai 1766. Actuellement (1878) il est aux mains du marquis de Gibot. « C'est — dit Célestin Port (*Diction. histor. de Maine-et-Loire*, t. I, p. 397) — un édifice rectangulaire qui se prolonge à chaque extrémité par deux corps de bâtiments en retrait, que terminent vers la façade orientale deux tours rondes avec dômes et lanternes; vers nord-ouest, une futaie; vers l'est, les jardins et de magnifiques prairies, semées à dessein d'arbres isolés ou de petits bouquets de bois. »

3° *Prosper,* écuyer, seigneur de la Raillière, né le 19 mars 1668, baptisé le 13 août 1669. Il eut pour marraine Marguerite de

(1) *La Cour de Saint-Philbert.* Dans ce lieu seigneurial s'élevait jadis un petit château-fort, dont M. le comte d'Anthenaise possède le plan, et duquel il reste encore (1878) partie des piles du pont-levis, plus la poterne, en très-beau granit avec meurtrières. Il était entouré de douves, et la tradition rapporte qu'une des châtelaines, se tenant un jour à sa croisée, y reçut la mort des mains d'un assassin qui, du dehors, lui fracassa la tête d'un coup de fusil.

Racapé, dame de Briacé, paroisse du Louroux-Bottereau. Il épousa Anne-Elisabeth DE SAINTE-MARTHE. Tous deux, en 1698, firent enregistrer leurs armes à l'Armorial de la généralité de Tours; celles de Prosper d'Anthenaise [*d'argent à trois jumelles de gueules, en bande*], figurent au folio 127, et celles d'Anne-Elisabeth de Sainte-Marthe [*d'argent à trois fusées et deux demies de sable, en fasce*], au folio 584. On ne voit pas qu'ils aient eu postérité. Prosper fut enterré dans l'église de la Renaudière, le 28 du mois de janvier 1716 (*Etat civil de la Renaudière*);

4° *Jacques,* né le 17 juillet 1669, baptisé le 22 du même mois;

5° *Renée,* née le 23 septembre 1664. Elle eut pour parrain René de Gibot et pour marraine Jeanne-Marguerite d'Anthenaise, fille de Charles, seigneur du Port-Joulain;

6° *Charlotte,* née à la Raillière le 27 février 1672. Elle fut baptisée le 5 mars de la même année, et eut pour parrain Paul de la Brunetière, seigneur du Plessis, docteur de Sorbonne et archidiacre de Paris, nommé évêque de Saintes en 1676;

Du second lit :

7° *Charles,* IV° du nom, qui a continué la postérité;

Du troisième lit :

8° *Pierre,* V° du nom, né en décembre 1682, mort le 7 janvier 1683, à Bourg (aujourd'hui Soulaire-et-Bourg).

DE PENNART : D'argent à deux bandes de gueules.

DE CANTINEAU : D'argent à trois molettes d'éperon à cinq rais de sable, surmontées d'un lambel du même.

XXII. *Charles* D'ANTHENAISE, IV° du nom, chevalier, seigneur de Saint-Philbert, né à la Raillière le 22 août 1678, épousa en premières noces Anne-Jeanne DE PENNART, dont il n'eut pas d'enfants. A la mort d'Augustin d'Anthenaise, Charles, le seul survivant de tous ses frères, hérita de la terre de Saint-Philbert, achetée par son frère consanguin; et les héritiers de Charlotte de Gourdon, mère d'Augustin, rentrèrent en possession du lieu de Bois-Girault, suivant acte du 13 mai 1766. Charles, étant âgé de 61 ans, épousa en secondes noces, en la maison de Bécherelle, paroisse d'Epiré, le 24 août 1741 (contrat passé le 21 du même mois devant Jaunay, notaire à Angers), Anne-Rose-Françoise DE CANTINEAU, fille de Jean de Cantineau, chevalier, seigneur de la Bénicherie, et de dame Marie-Madeleine de Lancrau. Charles d'Anthenaise mourut au château de Saint-Philbert le 14 juillet 1745 et fut inhumé dans l'église dudit lieu. Sa veuve se remaria, le 23 janvier 1770, avec messire Gui-Philippe le Gouz, chevalier, seigneur de Bordes, et mourut à Cornillé en 1793. Elle avait eu de son premier mari, deux fils :

1° *Charles*, V^e du nom, chevalier, né en 1743 et mort à Saint-Philbert, à l'âge de 30 ans, sans avoir été marié ; il fut enterré à Cornillé, le 18 juillet 1773 ;

2° *François-Pierre*, qui suit.

XXIII. *François-Pierre* D'ANTHENAISE, chevalier, seigneur de Saint-Philbert, né en cette commune le 26 avril 1744, entra au service en 1760, comme enseigne, dans le régiment de Cambrésis, commandé par M. de Barrin, son parent. Ce régiment s'embarqua pour l'Ile-de-France, d'où il alla à Pondichéry, et ne rentra qu'en 1763. Nommé lieutenant en 1761, François-Pierre fut ensuite incorporé dans le régiment de Saintonge, où il passait capitaine en 1778, puis se retirait du service en 1780. Il avait épousé, par contrat du 6 février 1776 (mariage bénit le 13 du même mois), Anne-Louise-Elisabeth TROVIT DE LA GASNERIE, dame de Fougeré (1), Chaton et autres lieux, née à la Flèche, décédée à Cornillé (Maine-et-Loire), fille de feu messire Ignace-Louis-Charles-Damien Trovit de la Gasnerie, écuyer paumier du Roi, et de dame Anne-Louise-Elisabeth Boucault, dame de Fougeré. François-Pierre d'Anthenaise émigra en 1792, servit dans l'armée de Condé, où il reçut, de la main du prince, la croix de Saint-Louis. Rentré en France au mois de juillet 1800, il mourut à Angers le 30 janvier 1811. Il avait eu deux fils :

TROVIT DE LA GASNERIE : De gueules à une truie d'argent.

1° *François-Armand*, chevalier. Il fit, à l'âge de 16 ans, la première guerre de la Vendée, et s'y distingua par sa bravoure. Après le

(1) *Fougeré*, ancien fief et seigneurie, sis commune de Fontaine-Milon, qui possédait double hôtel noble, ou château du Grand et Petit-Fougeré. Il fut aux mains de la famille de Souvigné dès 1400, puis, vers 1500, passa aux de Masseilles, qui l'avaient encore en 1722. « Jusqu'en ces derniers temps (1875) — dit M. Célestin Port — ont subsisté la motte du château primitif, que M. d'Anthenaise a fait enlever, et plus bas, dans la vallée, les fondations du château, du XIVe-XVIe siècle, dont les pierres ont en partie servi à des constructions dans le bourg. » (*Diction. histor. de Maine-et-Loire*, t. II, p. 187.)

passage de la Loire, il se réunit aux Chouans et fut tué près de Châteauneuf, en 1794, à l'âge de 17 ans;

2° *Armand-Charles,* dont l'article suit.

XXIV. *Armand-Charles*, comte D'ANTHENAISE, né à Saint-Philbert le 31 janvier 1779, y fut baptisé le lendemain et eut pour parrain Armand-Charles de Barrin, maréchal de camp, son cousin, représenté par messire Gui-Philippe le Gouz, chevalier. Quoique âgé seulement de 14 ans, il fit, avec son frère aîné, la première guerre de la Vendée, jusqu'au passage de la Loire. Il épousa à Angers, le 8 février 1809, Gui-Françoise-Victoire DE CONTADES, née à Tigné, près Doué (Maine-et-Loire), le 27 septembre 1789, fille d'Erasme-Gaspard, comte de Contades (petit-fils du maréchal de Contades), alors maréchal de camp, depuis lieutenant général des armées du Roi, pair de France, commandeur de l'ordre de Saint-Louis, grand'croix de l'ordre de la Fidélité de Bade, officier de la Légion d'Honneur, et de Marie-Françoise-Madeleine-Rose de Villiers, dame du Theil. Le roi Charles X, par lettres patentes du 6 septembre 1828, érigea la terre de la Cour de Saint-Philbert, près Beaupréau, en majorat avec titre de *comte*, en faveur d'Armand-Charles d'Anthenaise et de ses descendants mâles, en ligne directe et légitime, et suivant l'ordre de primogéniture. De son mariage sont issus :

NTADES : l'aigle d'a- ol abaissé, , languée et e gueules.

1° *Victor*, dont l'article suit;

2° *Alfred-Erasme,* né à Angers, le 10 novembre 1814, mort en cette même ville, le 8 août 1836;

3° *Anne-Marie-Clotilde,* née à Angers, le 18 juin 1811, mariée en cette même ville, le 27 mai 1833, à M. le comte DU BUAT.

XXV. *Victor,* comte D'ANTHENAISE, né à Angers le 30 novembre 1809, a épousé, le 6 février 1837, à Précigné, près Sablé, Marie-Charlotte-Geneviève-Louise-Catherine-Noémie DE ROUGÉ, née à Paris, fille d'Augustin-Charles-Camille, comte de Rougé, ancien colonel, officier de la Légion d'Honneur, et de Charlotte-Colombe de la Porte de Riantz. Leurs enfants sont :

ROUGÉ : eules à la attée d'ar-

1° *Pierre,* VIe du nom, comte D'ANTHENAISE, né à Paris le 29 janvier 1838. Volontaire pontifical au corps des Guides du général de la Moricière, il s'est marié à Paris, église Saint-Philippe-du-

Roule, le 28 mai 1863, à Mlle Camille-Gabrielle DE ROCHETAILLÉE, dont sont issus :

A. *Marie*, née le 12 mars 1864, B. *Charlotte*, née le 25 avril 1865, C. *Simon*, né le 24 septembre 1866, D. *Antoinette*, née le 9 février 1868, E. *Madeleine*, née le 13 mars 1870,	Au château de Nantas, commune de Saint-Jean-Bonnefonds, près Saint-Étienne (Loire);
F. *Henri*, né le 6 avril 1871, G. *Thérèse*, née le 11 juin 1872, H. *Noémie*, née le 24 novembre 1873, I. *Marguerite-Marie*, née le 4 mars 1875, morte le 9 mars 1875, J. *Marguerite*, née le 28 août 1876, K. *Marie-Jeanne-Françoise*, née le 25 juin 1878.	Au château de Monthireau, commune de Monthireau, près la Loupe (Eure-et-Loir);

2° *Geneviève*, née à Précigné le 28 janvier 1840; mariée à Paris, église Saint-Philippe-du-Roule, le 9 juillet 1868, à M. le comte Léonce D'ESTUTT D'ASSAY, d'origine écossaise, et qui a fait, comme engagé volontaire, la campagne de 1870 dans les Zouaves du général de Charette. Un fils, *Joseph*, est né de cette union, le 16 mars 1875, à Saint-Germain-en-Laye (Seine-et-Oise). — L'ancien colonel (1789) d'Estutt de Tracy, mort en 1836, et qui, si célèbre comme écrivain idéologique, fut académicien (1808), puis pair de France (1814), appartenait à cette famille;

3° *Simonne*, née à Mazé, près Beaufort (Maine-et-Loire), le 23 décembre 1841. Religieuse de l'ordre des Ursulines de Chavagnes (Vendée), elle est (1878) Mère assistante au couvent de Belle-Fontaine, d'Angers;

4° *Charles*, VIe du nom, vicomte D'ANTHENAISE, né à Mazé le 21 décembre 1844. Engagé volontaire dans les Éclaireurs du général de Charette, pendant la campagne de 1870, il épousait à Paris, église Saint-Pierre de Chaillot, le 3 juillet 1877, Mlle Thérèse DE PÉRUSSE DES CARS. Ils ont pour enfants :

A. *Simonne-Marie-Jeanne*, née le 9 août 1878, au château de la Morosière, commune de Neuvy (Maine-et-Loire).

Appendice a la Première Partie.

LES D'ANTHENAISE

AUX CROISADES

Il est avéré que la Maison d'Anthenaise compte, pour le moins, *quatre* chevaliers croisés :

1° **Henri,** fils de Savari Ier;

2° **Raoul,** également issu de Savari;

3° **Geoffroi,** fils de Hamelin II;

4° **Hamelin III,** frère de Geoffroi.

Les deux premiers — Henri et Raoul — accompagnèrent en Palestine, l'an 1158, Geoffroi IV, seigneur de Mayenne et l'un des plus ardents champions de la seconde Croisade, qui, commencée dès 1145, ne se termina qu'en 1187.

Les deux autres — Geoffroi et Hamelin — se trouvèrent à la troisième, dont la durée fut encore assez sérieuse : de 1188 à 1195. Ils partirent avec leur cousin Robert III, baron de Sablé, fils de Robert II et d'Hersende d'Anthenaise.

Gilles Ménage, en 1683, a reproduit dans son *Histoire de Sablé* (p. 179) un document attestant la participation d'Henri et de Raoul à la seconde Croisade.

Pour Geoffroi et pour Hamelin, leur présence chez les

Orientaux est révélée par trois actes d'emprunt souscrits à Acre, en septembre 1191, puis à Joppé, le mois suivant.

Les originaux de ces actes, qui appartenaient en 1835 à la célèbre collection Courtois, appartiennent maintenant aux archives des familles d'Anthenaise (1) et de Champagné.

En 1842 leur production par l'ayant-droit fit admettre au Musée de Versailles, seconde Salle des Croisades, l'écusson des d'Anthenaise.

Il y porte le n° 430, et dès 1839 aurait dû — nous tenions à le dire — figurer parmi les 316 qu'on y peignit tout d'abord, le document publié par Ménage, voilà bientôt deux siècles, étant de ceux qui ne peuvent encourir ni le doute, ni l'oubli.

Pour faits et dates ayant trait à ces quatre personnages, consulter :

1. La présente *Notice*, aux pages 19, 24, 25, 142.
2. Ménage, *Histoire de Sablé*, p. 179.
3. Le Paige, *Dictionnaire historique du Maine*, t. II, pp. 299-301.
4. De Fourmont, *l'Ouest aux Croisades*, t. III, pp. 66, 67 et 95.
5. P. Roger, *la Noblesse de France aux Croisades*, p. 359.
6. Gavard, *Galeries historiques du Palais de Versailles*, t. VI, 2e partie (*Armorial*), pp. 21 et 170.
7. Le comte de Delley de Blancmesnil, *Notice sur quelques anciens titres, suivie de quelques considérations sur les Salles des Croisades au Musée de Versailles*, pp. 419, 425 et 471.

(1) Les archives de la Maison d'Anthenaise font actuellement (1878) partie de la bibliothèque du château de la Jaillère, château situé commune de la Chapelle-Saint-Sauveur, près Varades (Loire-Inférieure). L'importante terre sur laquelle il est bâti, formait dès 1300 le principal fief des le Bel, famille distinguée de la vieille noblesse angevine. Ces le Bel s'éteignirent au XVIIIe siècle, dans la famille, non moins ancienne, des Villiers du Theil, laquelle, à son tour, disparut bientôt, en la personne de Marie-Françoise-Madeleine-Rose, unie au comte Érasme-Gaspard de Contades, lieutenant général, pair de France et petit-fils du maréchal de ce nom. La Jaillère passa donc, par les femmes, des le Bel aux Villiers, puis aux Contades, et de ces derniers aux d'Anthenaise, le comte Armand-Charles d'Anthenaise ayant, en 1809, épousé Mlle Gui-Françoise-Victoire de Contades.

DEUXIÈME PARTIE.

CARTULAIRE.

CARTULAIRE.

Gauscelin d'Anthenaise.

I.

Circa 1062.

Nosse debetis quod Guido de Valle dedit monachis Majoris-Monasterii, ad burgum faciendum, quandam terram juxta castrum suum, id est Vallem. Et cum burgum fecissent, calumniati sunt illis monachi Sancti-Petri de Cultura terram illam, dicentes eam pertinere ad ecclesiam de Alvers. Statuerunt Guido et abbas Rainaldus ire ante episcopum Andecavensem. Sed cum Guido mandasset abbati per Johannem monachum, filium suum, ei respondit abbas, audiente Fulcone de Boeria, se non deinceps illuc esse iturum. Cum Guillelmus, Normannie comes, Cenomannicam urbem haberet adquisitam, tenuerunt monachi placitum ante illum. Post non longum tempus cum comes teneret curiam suam apud castellum quod nomen habet Domnusfronto, tenuit placitum de ipsa re. Precepit comes reddi monachis Majoris-Monasterii res suas. Hujus definitionis testes :

Guillelmus ipse comes.
Odo, episcopus Bajocacensis.
Johannes, episcopus Abrincatensis.
Hugo, abbas de Longoledo.
Gauscelinus, presbyter.
Johannes, monachus noster.
Lanfrannus, monachus.
Ruvallonius de Dol.
Richardus, vicecomes Abrincatensis.
Rannulfus, vicecomes Bajocacensis.
Gauterius Tyrellus.
Hamo de Valle, fil. Guidonis.
Gauslinus de Altanoisa.
Burchardus de Cadurciis.
Lisiardus de Alvers.
Gauslinus, filius Lisiardi.
Algerius de Bugnonio.
Guidelinus, vicarius.
Fulcodius de Marboio.
Hugo Bucellus.

(Biblioth. nationale, Cabinet des Manuscrits, *Cartulaire de Marmoutier*, t. III, f° 5.)

TRADUCTION.

Vous devez savoir que Gui de Laval a donné aux religieux de Marmoutier, pour créer un bourg, une terre sise auprès de son château de Laval. Lorsque ces derniers ont eu construit le bourg, les moines de Saint-Pierre de la Couture leur en ont disputé l'emplacement, prétendant qu'il appartenait à l'église d'Auvers. Gui et l'abbé Rainaud ont voulu soumettre le différend à l'évêque d'Angers. Mais l'abbé [de la Couture], auquel Gui envoya son fils, le moine Jean, faire part de cette intention, répondit, en présence de Foulques de Bouère, qu'il n'irait pas devant l'évêque. Le comte Guillaume de Normandie étant maître de la ville du Mans, les moines comparurent devant lui, et peu de temps après, comme il tenait sa cour au château de Domfront, il indiqua un plaid pour cette affaire et, là, prescrivit de rendre aux moines de Marmoutier la terre en litige, qui leur appartenait. Les témoins de cette sentence, furent :

Le comte Guillaume.
Eudes, évêque de Bayeux.
Jean, évêque d'Avranches.
Hugues, abbé de Longueil.
Gauscelin, prêtre.
Jean, moine de notre couvent.
Lanfran, moine.
Rivallon de Dol.
Richard, vicomte d'Avranches.
Ranulfe, vicomte de Bayeux.
Gautier Tyrel.
Hamon de Laval, fils de Gui.
Gauscelin d'Anthenaise.
Burchard de Chaourches.
Lisiard d'Auvers.
Gauscelin, fils de Lisiard.
Auger de Bugnonio.
Guidelin, vicaire.
Foulques de Marboio.
Hugues Boucel.

Gauscelin d'Anthenaise, Hamelin et Herbert, ses fils.

II. DE CONFIRMATIONE ECCLESIE DE NULLIACO, ET DONO.

Circa 1070.

Hoc suprascriptum donum ecclesie de Nulliaco Sancto-Vincentio a Gaufrido de Cataglande factum, annuit et rite confirmavit *Gauslinus de Altanausia*, pariterque *filii ejus Hamelinus* et *Herbertus*. Annuerunt etiam idem Gauslinus et supra nominati filii ejus quodcumque abbas Sancti-Vincentii in eadem ecclesia de Nulliaco emere poterit a supra dicto Gaufrido, et ab aliis hominibus qui ibi facere habent. Donaverunt quoque Sancto-Vincentio unam aream domus ibi juxta ecclesiam, et vicariam, et bannum, et omnes consuetudines quas ibi habebant, sicut ex parte una currit fluvius Wlcon, et ex altera parte ductus aque, et sicut sunt comprehensiones ortorum in circuitu ipsius ville; vicariam etiam illius bordagii terre quod idem Gaufridus Sancto-Vincentio post suum excessum donavit. Hujus autem rei donum fecit ipse Marie de Annuntiatione, videntibus his testibus et audientibus : Raginaldo de Sancta-Cruce; Gaufrido de Jupilis; Huberto de Trelazeio; Bernardo, nepote Hugonis monachi; Girardo Salefrido; Johanne, coquo; Durando, pistore; Gauterio, sororino Odonis; Willelmo, clerico; Coronello; Mainardo; Wainnardo. Ob hoc recepit idem Gauslinus, pro se et pro filiis suis supra nominatis, beneficium et orationes loci ipsius, Sancti scilicet Vincentii, et insuper centum solidos denariorum, et Hamelinus, filius suus, septem solidos. Postea vero perrexit Raginaldus abbas, cum monacho suo Augerio, ad Motam-Achardi, et ibi invenit Gauslinum et filios ejus, Hamelinum videlicet et Herbertum, qui hoc idem supra memoratum donum iterum annuerunt, quinto idus junii, videntibus istis : Roberto, filio Bucchardi; Goslino de Cormeriaco; Harduino de Mota; Gaudefrido, filio Hugonis; Salefrido, Huberto, famulis.

(Biblioth. nationale, Cabinet des Manuscrits, *Cartulaire de Saint-Vincent du Mans*, t. I, f° 193.)

TRADUCTION.

CONFIRMATION DU DON DE L'ÉGLISE DE NUILLÉ.

Le don précédemment mentionné, de l'église de Nuillé, consenti au monastère de Saint-Vincent par Geoffroi de Cataglande, a été accordé et régulièrement confirmé par *Gauscelin d'Anthenaise* et par *ses fils Hamelin* et *Herbert*. Le même Gauscelin et ses dits fils ont également autorisé toutes les acquisitions que l'abbé de Saint-Vincent pourra faire, de ce Geoffroi et de tous autres intéressés, à raison de la présente église de Nuillé. De plus, ils ont donné à Saint-Vincent l'emplacement d'une maison près l'église, avec la viguerie, la banalité et toutes les coutumes qu'ils y possédaient, emplacement limité, d'un côté, par le Vicoin, de l'autre par l'aqueduc, et comprenant les jardins environnants. Gauscelin a donné aussi la viguerie du bordage que le même Geoffroi a légué à Saint-Vincent. Il a fait ce don, en personne, à Marie de l'Annonciation, devant les témoins ci-après : Renaud de Sainte-Croix; Geoffroi de Jupilles; Hubert de Trélazé; Bernard, neveu du moine Hugues; Girard Salefroi; Jean, cuisinier; Durand, pêcheur; Gautier, beau-frère d'Eudes; Guillaume, clerc; Coronel; Mainard; Gaignard. En raison de ces libéralités, Gauscelin et ses fils ont été admis au bénéfice des prières de l'abbaye de Saint-Vincent, et de plus ont reçu : Gauscelin, 100 sous, et Hamelin, son fils, 7 sous. Postérieurement l'abbé Renaud, accompagné de son moine Auger, s'est rendu à la Motte-Achard, où il a trouvé Gauscelin, et Hamelin et Herbert, ses fils, qui, le 5 des ides de juin, ont ratifié la donation précitée, en présence de : Robert, fils de Bouchard; Goslin de Cormeré; Hardouin de la Motte; Godefroi, fils de Hugues; Salefroi et Hubert, serviteurs.

Hamelin d'Anthenaise et Herbert, son frère.

III.

Circa 1072.

Notum sit fratribus nostris, Majoris-Monasterii monachis, quod in terra nostra apud Vallem levavit domnus Guido, qui nobis illam dederat, feriam ad festum S. Andree, que feria esset communis inter nos et illum. Mortuo illo, filius ejus Haimo cepit movere. Sed cum rogasset Johannes m° Haimonem ut quod pater suus fecerat ipse concederet, concessit Hujus concessionis testes : Lisiernus de Archeni; Gauslinus de Vegia; Hamelinus, frater ejus; *Hamelinus de Altanoisa; Herbertus, frater ejus;* Drogo de Sancto-Monisio; Hugo de Baselgis; Rotbertus, filius Haimerici; Isembardus Ragotus; Isembardus de Rumgeria; Fulbertus Draperius; Giraldus Mocillus; Hamelinus, filius Odrici de Brai.

(Biblioth. nationale, Cabinet des Manuscrits, *Cartulaire de Marmoutier*, t. III, f° 9.)

TRADUCTION.

Sachent nos frères, les religieux de Marmoutier, que le seigneur Gui avait établi, sur notre terre située à Laval, une foire à la fête de saint André, et qu'elle devait être commune entre nous et lui, par suite d'une donation qu'il nous avait faite. Après la mort de Gui, son fils Haimon (1) a voulu revenir sur cette donation ; mais le moine Jean l'ayant prié de confirmer la concession faite par son père, il y a consenti, en présence de : Lisierne d'Arquenay; Gauscelin de Vaiges; Hamelin, son frère ; *Hamelin d'Anthenaise* ; *Herbert, son frère* ; Drogo de Sancto-Monisio; Hugues de Bazeiges; Robert, fils d'Aymeric; Isembard Ragot; Isembard de la Rongère; Fulbert Drapier; Giraud Mocillus; Hamelin, fils d'Odric de Bray.

Hamelin d'Anthenaise et Adélaïde, sa femme.

IV. DE HIS QUE DEDIT HAMELINUS DE ALTANOISIA.

Circa 1072.

Hamelinus de Altanoisia hoc quod habebat in ecclesia de Basogers, Deo sanctoque Vincentio, et ejus monachis, extra dimidiam decimam, dedit. Adhuc terram ubi aderat ecclesie propinquior sicuti honoratam habebat, ad faciendum burgum atque ortos, dedit; necnon monachi quicquid dandum et vendendum in parrochia invenerint, ita tamen ut servicium suum non perdat, annuit. Annuente *uxore sua Adelaïde*. Audientibus istis hominibus : Hugone de Cormario; Gaufrido, filio Hugonis; Willelmo Bloio; Haimone, filio Bucchardi; Warino de Osello; Bricio; Johanne, filio Rainerii; Radulfo de Piris; Erchembaudo, Oravie nepote; Bucchardo, filio Vigali; Haimmone et Huberto, filiis Goscelini; Ascelino, filio Hugonis, in cujus domum hoc factum fuit.

(Biblioth. nationale, Cabinet des Manuscrits, *Cartulaire de Saint-Vincent du Mans*, t. I, f° 186.)

TRADUCTION.

DONATIONS D'HAMELIN D'ANTHENAISE.

Hamelin d'Anthenaise a donné à Dieu, et aux moines de Saint-Vincent, ce qui lui appartenait dans l'église de Bazougers, à l'exception de la moitié de la dîme. Il leur a donné également, telle qu'il

---

(1) Haimon succéda à Gui II vers 1067 ; il mourut en 1080 ; la contestation qu'il éleva dut avoir lieu peu après qu'il fut investi de la seigneurie de Laval.

la possédait et avec tous les droits y attachés, une terre située proche l'église, pour y créer un bourg et des jardins. Enfin il les a autorisés à faire dans la paroisse toutes acquisitions par ventes ou donations, mais de façon, cependant, à ce qu'il n'y perde aucun des services qui lui sont dus. *Adélaïde, son épouse*, a donné son consentement à cette donation, devant les personnages suivants : Hugues de Cormeré; Geoffroi, fils de Hugues; Guillaume Blou; Haimon, fils de Bouchard; Guérin d'Osel; Brice; Jean, fils de Rainier; Raoul de Piris; Archambaud, neveu d'Oravie; Bouchard, fils de Vigal; Haimon et Hubert, fils de Gauscelin; Ascelin, fils de Hugues, en la maison duquel la présente charte a été souscrite.

Gauscelin d'Anthenaise, Hamelin et Hubert, ses fils, Mathilde, femme d'Hubert, et Gui de Bray, leur cousin.

V. DE ECCLESIA ALTANOSIE.

Circa 1080.

Notum sit omnibus, futuris et presentibus, quod ecclesia *de Altanosia* quam *Gauslinus pater* Deo sanctoque Vincentio, sibique Cenomannis servientibus dederat, et *primogenitus Hamelinus* annuerat, postmodus [postmodum] *Hubertus Bordinus alter filius* qui non annuerat, Sancto-Vincentio eam abstulit. Post aliquot vero annos, apud Montem-Securum dolore pedis egrotans, a fratre suo visitatus est, quo etiam Albertus, qui tunc Basogeriis morabatur, perrexit, eumque super querimonia predicte ecclesie allocutus, post aliquantam concertationem quam cum fratre suo de ecclesia habebat, de quo eam tenebat, tandem consilio presentium et maxime *Guidonis, cognati sui de Bray*, quod monachus requirebat et frater suus annuerat, et ipse annuit, acceptis caritative a monachis triginta solidis. Verum quia *uxor sua Matildis* ecclesiam calumpniabatur, de dotalicio suo eam esse dicens, commutacionem promisit se illi daturum. Unde sibi fidejussorem dedit Hugonem de Torciaco ; sicque mulier grato animo annuit. Hanc vero ecclesiam et quicquid ad eam pertinebat, scilicet cimiterium cum vicaria et banno, et theloneo, et omnibus consuetudinibus, sicut pater ejus et ipse prius tenuerat, omnimodo solide et quiete concessit. Sicut viderunt isti : Hamelinus de Altanosia; Wido de Bray; Hugo de Torciaco; Paganus de Bruliaco; Radulfus Calciatus; Gaudinus de Saviniaco ; Normannus de Rupe-Petrosa ; Radulfus de Grinn ; Ernulfus Mercator ; Pichardus ; Odo ; Frogerius Terrarius ; Matildis, uxor ejus ; Gauslinus, armiger ejus ; Bertrammus, famulus ejus.

(Biblioth. nationale, Cabinet des Manuscrits, *Cartulaire de Saint-Vincent du Mans*, t. I, f° 191.)

TRADUCTION.

ACTE RELATIF A L'ÉGLISE D'ANTHENAISE.

Sachent tous, présents et à venir, que l'église d'*Anthenaise*, dont *Gauscelin père* avait fait donation à Dieu, à saint Vincent et à ses serviteurs du Mans, avec l'assentiment d'*Hamelin, son fils aîné*, a été reprise ensuite par un autre de ses enfants, *Hubert Bordinus*, qui n'avait pas ratifié ce don. Mais ce dernier, quelques années après, se trouvant à Montsurs atteint d'un mal au pied, y fut visité par son frère Hamelin. Le moine Albert, qui demeurait alors à Bazougers, se rendit également auprès d'Hubert, et l'exhorta à tenir compte des plaintes de l'abbaye au sujet de cette église. Après une légère discussion avec son frère, duquel il la tenait, cédant enfin aux conseils des personnes présentes, et principalement à ceux de *Gui de Bray, son cousin*, Hubert adhéra à la demande du moine, et approuva, comme l'avait fait son frère, cette donation de leur père. Les religieux, en témoignage de leur reconnaissance, lui versèrent une somme de 30 sous ; et comme *Mathilde, son épouse*, élevait des prétentions sur l'église, qu'elle disait faire partie de sa dot, il lui promit, sous la garantie de Hugues de Torcé, d'autres biens en échange ; ce qui la détermina à donner aussi son plein et entier consentement. Hubert concéda donc définitivement, au monastère, la dite église et ses dépendances, savoir : le cimetière avec la viguerie, le ban, les droits de navigation et toutes les coutumes, ainsi que son père et lui-même l'avaient possédée jusqu'alors. Et ce fut fait en présence de : Hamelin d'Anthenaise ; Gui de Bray ; Hugues de Torcé ; Payen de Bruillé ; Raoul Chaussée ; Gaudin de Savigné ; Normand de Rouperoux ; Raoul de Grenoux ; Ernulfe le Marchand ; Pichard ; Eudes ; Froger Terrier ; Mathilde, femme d'Hubert ; Gauscelin, son écuyer ; et Bertram, son serviteur.

Hamelin d'Anthenaise et Domète, sa femme.

VI. DE TERRA QUAM DEDIT HADVIS, UXOR AUGERII, FILII GUELRICI.

Circa 1080.

Notum sit, tam presentibus quam futuris, quod Hadvis, uxor Augerii, filii Guelrici, pro anima ejusdem viri sui, dedit Deo sanctisque martiribus Vincentio et Laurentio, et monachis eorumdem martirum, tertiam partem omnium decimarum suarum; et inde posuit donum super altare sancti Victuri, tali tenore ut, quousque ecclesia ejusdem sancti esset perfecta, earumdem decimarum redditus, in edificatione ejusdem ecclesie mitterentur, et, post perfectionem ejusdem ecclesie, in dominium et potestatem monachorum venirent. Hoc donum annuerunt Paganus, ejus filius, et Odelina, ejus filia, Vivianus de Felgeroleis, *Dometa, uxor Hamelini de Altanosia.* Hoc actum est apud Basogers, videntibus et audientibus istis : Gaufrido, filio Hugonis; Radulfo de Pireis; Gaufrido Andegavensi; Hugone Masticante-Ferrum; Mainardo, burgensi monachorum; Wiberto, fabro; Johanne, mercatore; Willelmo, vicario.

(Biblioth. nationale, Cabinet des Manuscrits, *Cartulaire de Saint-Vincent du Mans*, t. I, f° 181.)

TRADUCTION.

TERRE DONNÉE PAR HADVISE, FEMME DE DÉFUNT AUGER, FILS DE GUELRIC.

Sachent tous, présents et à venir, qu'Hadvise, femme d'Auger, fils de Guelric, a donné à Dieu, aux saints martyrs Vincent et Laurent, et aux moines leurs serviteurs, le tiers de toutes ses dîmes pour le salut de l'âme de son dit mari. Puis elle a posé la charte de ce don sur l'autel de saint Victor, après y avoir stipulé cette clause, que le revenu de ces dîmes sera consacré à la construction, jusqu'à complet achèvement, de l'église de Saint-Victor, pour devenir ensuite la pleine propriété des moines. Payen son fils, Odeline sa fille, Vivien de Fougerolles et *Domète, femme d'Hamelin d'Anthenaise,* ont approuvé la donation. Fait à Bazougers, présence et assistance de : Geoffroi, fils de Hugues ; Raoul de Pireis ; Geoffroi d'Anjou ; Hugues Mâchefer ; Mainard, bourgeois des moines ; Guibert, artisan ; Jean, marchand ; Guillaume, viguier.

Hamelin d'Anthenaise et son père, non dénommé.

VII. DE DONO ALTARIS ECCLESIE DE ALTANOSIA.

Circa 1085.

Hoc notificari, tam contemporaneis quam posteris nostris disposuimus, quod subsequenter in hac pagina subscripsimus. Quando igitur *Hamelinus Altanosiacensis* reportavit ad Altanosiam quasdam reliquias, in honore quarum *pater suus* sibi unam ecclesiam inibi edificaverat. Iste autem easdem ad Basogers exinde jam antea portaverat, timens videlicet ne forte eas raperent Bigoti, qui in partes nostras tunc temporis hostiliter festinaverunt, Willelmo Anglico rege eorum duce ; jussit venire ad se quemdam suum hominem Roscelinum nomine de Valeriis, qui mediam partem altaris supradicte ecclesie habebat. Qui cum plurima de salute sua cum eo locutus esset, tandem effecit ut illam partem quam in altare habebat, Deo et monachis Sancti-Vincentii, pro anima sua libenter relinqueret. Ogerius quoque Tanator dedit ibidem , beatitudinis causa vite inexterminabilis, prefatis monachis, decimam dimidii Agripennii vinee. Hanc rem testantur visu et auditu : ipse Hamelinus de Altanosia ; Wauterius, filius Morcheni, qui supradictam partem in altare reliquit ; Haimericus, filius Roberti ; Zacharias, filius Borchardi ; Hugo de Torceiaco ; Engolgerius Villicus ; Ogerius Tanator, qui ibi prefatam decimam dedit ; Ernaldus, presbiter de Altanosia ; Wibertus de Sarciaco ; Roscelinus de Valeriis ; Harduinus Boschet, et Bernardus de Basogeriis, monachi Sancti-Vincentii, qui duo tunc temporis morabantur Basogeriis in obedientia.

(Biblioth. nationale, Cabinet des Manuscrits, *Cartulaire de Saint-Vincent du Mans*, t. I, fo 181.)

TRADUCTION.

DON DE L'AUTEL DE L'ÉGLISE D'ANTHENAISE.

Nous avons jugé à propos d'instruire nos contemporains, et nos descendants, de ce qui se trouve mentionné dans la charte ci-dessous : Lorsque *Hamelin d'Anthenaise* rapporta à Anthenaise certaines reliques en l'honneur desquelles *son père* bâtit une église en ce lieu, et que précédemment il avait, lui Hamelin, portées à Bazougers crainte qu'elles ne fussent enlevées par les Bigots, [les Normands] alors répandus en ennemis dans le pays, sous la conduite de leur duc Guillaume, roi d'Angleterre, il manda Roscelin de Valières, un de ses vassaux, qui possédait la moitié de l'autel de la dite église. Longuement il l'entretint des choses du salut et l'amena finalement à faire, pour le repos de son âme, abandon à Dieu, et aux moines de Saint-Vincent, de cette part d'autel qui lui appartenait. En vue de la béatitude d'une vie immortelle, Oger le Tanneur donna aussi, aux mêmes religieux, moitié de la dîmée de la vigne « Agripennii. » Ce que les témoins ci-après attestent avoir vu, et entendu : Hamelin d'Anthenaise lui-même ; Gautier, fils de Morchène, qui plaça sur l'autel la susdite part ; Aymeric, fils de Robert ; Zacharie, fils de Borchard ; Hugues de Torcé ; Engolger Villicus ; Oger le Tanneur, donateur de la dîme précitée ; Ernauld, prêtre d'Anthenaise ; Guibert de Sarcé ; Roscelin de Valières ; Hardouin Boschet et Bernard de Bazougers, moines de Saint-Vincent, tous deux demeurant alors en l'obédience de l'abbé, à Bazougers.

Hamelin d'Anthenaise et sa femme, non dénommée.

VIII. DE CONVENTIONE FACTA DE ECCLESIA DE BASOGERIIS.

Anno 1090, vel paulo ante.

Notum sit, presentibus atque futuris, quod *Hamelinus de Altanosia* fecit quandam convenientiam cum monachis Sancti-Vincentii, videlicet cum domno Petro priore et Augerio et Warino, de ecclesia de Basogers, et concessit Sancto-Vincentio ipsam ecclesiam, et presbiterium, et omnia que ad ipsam ecclesiam pertinent, excepta medietate decime quam ipse in sua manu retinuit. Cymiterium etiam ipsius ecclesie predictis monachis concessit ; et quandam olcam juxta positam eis dedit ad faciendum burgum, ita ut monachi solide et quiete haberent omnes custumas vel reditus quicumque exirent de illa terra, vel de burgo inibi constructo. Preterea vero concessit ipsis monachis quicquid in sua terra vel in suo beneficio adquirere possent, sive gratis, sive precio, ita tamen ne ipse inde suum servicium perderet. Et ideo et ob hoc dederunt ei monachi 20 # denariorum. Hoc autem annuit *uxor ipsius Hamelini* qui habuit inde 7 # denariorum. Actum apud Vallem Widonis, in domo Ascelini, fratris Alelmi, dapiferi Haimonis de Valle, in qua domo uxor ipsius Hamelini jacebat de partu. Hii sunt testes de Basogers : Gaufridus, filius Hugonis ; Radulfus, filius Hermunni ; Archambaudus ; Lisoius, presbiter ; Hamon, clericus ; Herbertus, presbiter ; Hubertus, presbiter ; Ascelinus, frater Adelelmi ; Hugo de Cormario.

(Biblioth. nationale, Cabinet des Manuscrits, *Cartulaire de Saint-Vincent du Mans,* t. I, f° 177.)

TRADUCTION.

CONVENTION AYANT TRAIT A L'ÉGLISE DE BAZOUGERS.

Sachent tous, présents et à venir, que *Hamelin d'Anthenaise* a fait avec les moines de Saint-Vincent, représentés par dom Pierre, prieur, Auger et Guérin, une convention au sujet de l'église de Bazougers. Il a concédé à Saint-Vincent, cette église, toutes ses dépendances et le presbytère, sauf la moitié de la dîme, dont il a retenu la possession. Il a également donné aux mêmes moines le cimetière de ladite église, ainsi qu'une ouche l'avoisinant, pour y construire un bourg ; et de telle sorte que les moines jouissent paisiblement de toutes les coutumes ou revenus quelconques à provenir de cette terre ou du bourg qu'on y aura créé. Enfin il approuve toutes les acquisitions qu'ils pourront faire dans sa terre ou son fief, soit à titre gratuit, soit à titre onéreux, pourvu, cependant, qu'il ne perde aucun des services qui lui sont dus. Hamelin a reçu des moines 20 livres deniers pour les dites cessions, et, *sa femme,* 7 livres pour le consentement qu'elle y a donné. Fait à Laval, en la demeure d'Ascelin, frère d'Adelesme, sénéchal d'Haimon de Laval, demeure où la femme d'Hamelin était en couche. Les témoins du présent acte, tous de Bazougers, furent : Geoffroi, fils de Hugues ; Raoul, fils d'Hermon ; Archambaud ; Lisois, prêtre ; Hamon, clerc ; Herbert, prêtre ; Hubert, prêtre ; Ascelin, frère d'Adelesme ; Hugues de Cormeré.

Hamelin d'Anthenaise.

IX. DE CONVENTIONE REQUISITA A MONACHIS, UT CLAUDERENT BURGUM SUUM FOSSATU.

Circa 1092 aut 1095.

Notum sit, presentibus et futuris, quod *Hamelinus de Altanosia* quandam conventionem requirebat a monachis Sancti-Vincentii, qui Basogeriis morabantur, videlicet ut burgum suum clauderent de bono fossato, sicut clauserat suum. Monachi vero hoc contradicentes et nolentes facere, dicentes non esse rectum ut castellum facerent, quia ad eorum ordinem non pertinebat, omnino hoc negaverunt. Quadam autem die dominica, mandavit eis supradictus Hamelinus, per Radulfum de Piris et per Radulfum Calciatum, vicarium suum, ut aut ibi fossata facerent, aut caballum Danielis de Valeta illi darent, aut secum de hoc placitarent. Bernardus vero et Albertus, monachi, nolentes secum placitare, neque ad iracundiam eum provocare, venerunt ad eum in quandam domum ubi equi sui erant. Illo autem sedente super caput cujusdam lembi, cum suis militibus, dederunt ei caballum emptum sexaginta solidis a Daniele Valeta, qui ibi presens erat, tali pacto ut omnes querelas et causas eis dimitteret. Quod viderunt et audierunt testes isti : Hamo de Buna ; Hamo, filius Bucchardi ; Radulfus de Piris ; Radulfus Calciatus ; Hugo Mancheferrum ; Hugo Nimium-Carpens ; Paganus, filius Mancheferri ; Paganus de Broilo ; Hugo de Torciaco ; Mainardus ; Wauterius ; Harduinus.

(Biblioth. nationale, Cabinet des Manuscrits, *Cartulaire de Saint-Vincent du Mans*, t. I, f° 187.)

TRADUCTION.

SOMMATION AUX MOINES DE BAZOUGERS D'ENCLORE, SELON LEUR ENGAGEMENT, LEUR BOURG D'UN FOSSÉ.

Sachent tous, présents et à venir, que *Hamelin d'Anthenaise* exigeait des moines de Saint-Vincent installés à Bazougers, qu'ils entourassent leur bourg d'un bon fossé, ainsi qu'ils s'y étaient engagés, et comme lui-même avait enclos le sien. Mais ceux-ci refusaient absolument, trouvant injuste, et pour eux inconvenant, qu'on les fit établir une fortification. Certain dimanche, cependant, Hamelin leur manda par Raoul de Piris et par Raoul Chaussée, son viguier, qu'ils eussent à faire les fossés ou à lui livrer le cheval de Daniel de la Valette, ou bien à débattre le cas en justice. Ne voulant ni plaider contre lui, ni provoquer sa colère, les moines Bernard et Albert vinrent à sa rencontre en passant par la maison où était leur écurie ; et tandis qu'il se tenait assis sur l'avant d'une barque, avec ses chevaliers, ils lui donnèrent le cheval de Daniel de la Valette, acheté 60 sous à ce dernier, alors présent, afin qu'on les tînt, par là, quittes de tous ennuis. Et de ces faits furent témoins : Hamon de Buna ; Hamon, fils de Bouchard ; Raoul de Piris ; Raoul Chaussée ; Hugues Mâchefer ; Hugues Trop-Prenant ; Payen, fils de Mâchefer ; Payen du Breil ; Hugues de Torcé ; Mainard ; Gautier ; Hardouin.

Hamelin d'Anthenaise.

X. DE OCCUPATIONE CYMITERII DE BASOGERIIS.

Circa 1099.

Sciendum est etiam, quod jam dictus *Hamelinus* [*de Altanosia*] cepit postea adbreviare et occupare cymiterium quod monachis dederat. Quod cum monachi vidissent calumpniata sunt. Accidit autem in tempore domni Radulfi abbatis, ut ipse Hamelinus, cum rege in Angliam terram perrecturus, ad monachos Sancti-Vincentii venerit, et illos, ut eum Domino suis precibus commendarent, rogaverit. Tunc vero iterum monachi calumpniati sunt illam adbreviationem quam de cymiterio eorum fecerat, eumque admonuerunt ut cymiterium ita solidum et integrum sicut eatenus fuerat, dimitteret, nec illud aliquatenus adbreviare vellet. Ipse vero libentissime eorum peticioni adquievit, et cymiterium, sicut esse debebat, dimisit, et quecumque ipsis monachis dederat, confirmavit iterum in Capitulo Sancti-Vincentii, pro qua re dederunt ei monachi jam nominati sexaginta missas, quia de hac re illos deprecatus fuerat per Hubertum presbiterum. Hoc autem factum fuit videntibus his testibus : Zacharia ; Erchembaudo ; Gaufrido, fratre Warini, monachi ; Gaufrido Testus ; Rainardo de Sancta-Susanna ; Roberto, filio suo ; Godefrido de Basogeriis ; Gaufrido de Sancto-Martino ; Huberto, presbitero, et alio Huberto de Malo-Campo ; Ivone ; Warino, coco ; Haimerico, carpentario ; Hugone, famulo ; Gisleberto Burnello ; Andrea Lusco ; Ausgodo, porcario ; Rispaldo.

(Biblioth. nationale, Cabinet des Manuscrits, *Cartulaire de Saint-Vincent du Mans*, t. I, f° 177.)

TRADUCTION.

OCCUPATION DU CIMETIÈRE DE BAZOUGERS.

On doit faire connaître que, plus tard, cet *Hamelin* [*d'Anthenaise*] dont il vient d'être parlé, s'empara d'une partie du cimetière, et voulut l'éliminer de la cession qu'il en avait consentie ; aussi les moines se plaignirent-ils de sa conduite. Mais il advint, sous le seigneur abbé Ranulfe, que ce même Hamelin étant sur le point de partir en Angleterre avec le roi, visita l'abbaye Saint-Vincent, et pria les moines de le recommander à Dieu dans leurs prières. Ceux-ci lui firent alors de nouvelles plaintes sur l'amoindrissement qu'il avait fait subir à leur cimetière, l'engageant à n'en rien retrancher, à le remettre en son entier, comme il était précédemment. Ce à quoi consentit très-volontiers Hamelin, qui leur laissa le cimetière tel qu'ils le désiraient. De plus, il confirma dans le Chapitre toutes les donations par lui faites antérieurement, au monastère ; ce qui porta les moines à lui assurer la célébration de soixante messes, qu'il leur avait demandées par l'intermédiaire du prêtre Hubert. La charte en fut souscrite en présence des témoins suivants : Zacharie ; Erchambaud ; Geoffroi, frère du moine Guérin ; Geoffroi Testu ; Renard de Sainte-Suzanne ; Robert, son fils ; Geoffroi de Bazougers ; Geoffroi de Saint-Martin ; Hubert, prêtre ; autre

Hubert de Mauchamp; Yves ; Guérin, cuisinier ; Aymeric, charpentier ; Hugues, serviteur ; Gislebert Bournel ; André le Borgne ; Ausgod, porcher ; Ripauld.

Hamelin d'Anthenaise et sa femme, non dénommée.

XI. DE CONFIRMATIONE SUPRADICTORUM.

Circa 1099.

In crastinum autem venit *uxor sua* ad ecclesiam Sancti-Vincentii, et que *maritus suus* fecerat, confirmavit et annuit, videntibus his militibus : Gaufrido ; Godefrido ; Erchembaudo ; Huberto de Malo-Campo ; Huberto, presbitero.

(Biblioth. nationale, Cabinet des Manuscrits, *Cartulaire de Saint-Vincent du Mans,* t. I, fo 178.)

TRADUCTION.

CONFIRMATION DES CHARTES PRÉCÉDENTES (Nos IX ET X).

Le lendemain, *l'épouse d'Hamelin* est venue à l'église de Saint-Vincent confirmer et ratifier ce qu'avait fait *son mari,* où furent présents les chevaliers : Geoffroi ; Godefroi ; Erchembaud ; Hubert de Mauchamp ; et Hubert, prêtre.

Hamelin d'Anthenaise.

XII.

Circa 1095.

Notum sit omnibus, maxime hujus nostri Majoris-Monasterii habitatoribus, quod *Hamelinus de Altanoisa* accipiebat pedagium de nostris rebus dominicis apud Motam-Achardi. Venit itaque idem Hamelinus in Capitulum nostrum apud Majus-Monasterium, et per deprecationem nostram et per deprecationem atque auctoramentum Helie, Cenomannensis comitis, perdonavit nobis in perpetuum illud pedagium de drapis videlicet nostris, et de piscibus, et de carne nostra, insuper de rebus nostris dominicis. Ipse quoque receptus est in societatem beneficii nostri. Hoc viderunt, ex parte illius : Helias, comes Cenomannorum, qui hoc ipsum auctorisavit; Hamelinus de Meduana; Hugo de Braitello; Guischardus de Buris; Guarnerius de Villarario; Rainaldus Framaldus; de famulis nostris : Mainardus, boverius; Rainaldus, cocus; Peloquinus, de hospitali; Ebrardus, scutellarius. Postea misit ipse Hamelinus donum hujus rei super altare, quod viderunt tres ex prenominatis famulis nostris, Rainaldus et Peloquinus et Ebrardus.

(Biblioth. nationale, Cabinet des Manuscrits, *Cartulaire de Marmoutier*, t. II, f° 445.)

TRADUCTION.

Qu'il soit à la connaissance de tous, et principalement des habitants de notre couvent de Marmoutier, que *Hamelin d'Anthenaise* percevait un péage, à la Motte-Achard, sur les produits de nos domaines; mais étant venu dans notre Chapitre de Marmoutier, il nous donna, d'après notre prière et celle d'Hélie, comte du Mans, et avec l'autorisation de ce dernier, ce droit perpétuel de péage sur nos draps, notre poisson, notre viande, et sur les produits de nos domaines, et fut admis, en retour, dans la copropriété de notre fief. Les témoins de cette convention ont été, du côté d'Hamelin : Hélie, comte du Maine, qui y donna son autorisation; Hamelin de Mayenne; Hugues de Braitel; Guichard de Buris; Garnier de Villeray; Rainaud Framaud; et, de notre côté, nos serviteurs ci-après : Mainard, bouvier; Rainaud, cuisinier; Peloquin, hospitalier (1); Ébrard, sculier (2); Hamelin lui-même déposa ensuite, sur l'autel, la charte de cette donation, en présence de trois des serviteurs susdits : Rainaud, Peloquin et Ébrard.

---

(1) L'*hospitalier* était chargé de servir les hôtes que recevait l'abbaye.

(2) Le *sculier*, sorte d'officier de bouche, avait soin de la vaisselle.

Hamelin d'Anthenaise.

XIII. DE PASTIONE PORCORUM IN SILVA SUA BLAVO, DATA A GERVASIO DE DOMNOFRONTE.

Circa 1095.

Istud quoque litteris annotetur, ne oblivione deleatur..... Gervasius de Domnofronte dederat Sancto-Vincentio pastionem ad XL porcos in silva sua Blavo. Qui postea veniens in Capitulum Sancti-Vincentii, societatem loci ab abbate Rannulfo et fratribus recepit; et adhuc pastionem ad alios XL porcos addidit, et insuper quicquid predicti monachi in fevo Odonis Cotinelli adquirere poterint, et de eadem silva quantum necesse fuerit monachis qui fuerint apud Sanctum-Lenogisilum in suis propriis usibus, ad ignem scilicet, ad ecclesias, ad domos. Et donum harum rerum super altare Sancti-Vincentii posuit, videntibus testibus his : Herberto, nepote ejusdem Gervasii; Herveo, filio Berengarii; Radulfo, filio Warnerii; Brestriz, armigero comitis Mauritanie; Gaufrido Andegavensi; Arnulfo, presbitero; Salefrido, camerario abbatis; Laurentio, milite *Hamelini Autenosie;* Wauterio de Fonte-Sancti-Martini; Lamberto, filio Odonis Calvi; Hugone, famulo Sancti-Vincentii.

Signum ejusdem Gervasii, †.

(Biblioth. nationale, Cabinet des Manuscrits, *Cartulaire de Saint-Vincent du Mans*, t. I, fo 252.)

TRADUCTION.

DROIT DE PATURAGE POUR LES PORCS, DONNÉ PAR GERVAIS DE DOMFRONT DANS SA FORÊT DE BLAVOU.

On mentionne par écrit ce qui va suivre, pour que l'oubli ne le détruise pas... Gervais de Domfront avait donné au monastère Saint-Vincent le droit de pâturage, pour 40 porcs, dans sa forêt de Blavou. Par la suite, étant venu dans le chapitre de Saint-Vincent, il fut admis, par l'abbé Ranulfe et les religieux, à la participation des prières du couvent. Alors ce droit de pâturage pour 40 porcs, précédemment accordé, Gervais en doubla le chiffre, puis y joignit la concession de toutes les acquisitions que le couvent pourrait faire dans le fief d'Eudes Cotinel, et la liberté, pour les moines qui s'établiraient à Saint-Lénogisile, de prendre dans la même forêt les choses dont ils auraient besoin pour leur propre usage : bois de chauffage, bois de construction, tant de leurs églises que de leurs maisons. Et la charte octroyant ces dons a été placée, par lui, sur l'autel de Saint-Vincent, en présence des personnes ci-après, qui l'ont vu et l'attestent : Herbert, neveu de Gervais ; Hervé, fils de Bérenger ; Raoul, fils de Garnier ; Brestriz, écuyer du comte de Mortagne ; Geoffroi d'Anjou ; Arnoul, prêtre ; Salefroi, camérier de l'abbé ; Laurent, chevalier de *Hamelin d'Anthenaise* ; Gautier de la Fontaine-Saint-Martin ; Lambert, fils d'Eudes le Chauve ; Hugues, serviteur de l'abbaye de Saint-Vincent.

Seing de Gervais, †.

Hamelin d'Anthenaise et Domitelle, sa femme ; Hélie, surnommé Galebrun, Renaud, surnommé le Bouc, et Hugues, ses fils.

XIV. QUALITER HAMELINUS DE ALTANOSIA VOLUIT AUFERRE ECCLESIAM DE BASOGERS ET DARE MONACHIS CULTURE.

Circa 1096.

Evoluto autem tempore multo postquam *Hamelinus de Altanosia* dederat monachis Sancti-Vincentii ecclesiam de Basogers, et presbiterium, et terram, et omnia que ad ipsam ecclesiam pertinebant, immemor omnium que eis dederat, conatus est eadem eisdem auferre, et monachis Sancti-Petri Culture vendere. Abbas vero Rannulfus, et ceteri monachi, hujus rei querelam ante domnum Hoellum presulem deposuerunt. Qui, tam vi officii sui quam blandiciis, eundem Hamelinum ad justiciam deflexit, dans ei decem libras Cenomannensium denariorum de pecunia Sancti-Vincentii, et *uxori ejus* unum varium equum valde decorum valentem decem libras. Quapropter rectum Sancti-Vincentii recognovit et omnes querelas dimisit. Et ut jam dictas conventiones et ipse et heredes sui perpetim tenerent, fidem suam in manu presulis cum pacis osculo posuit, et quod similiter *uxorem suam* et *filios* affirmare faceret, spospondit, et hujus rei donum iterum super altare sanctorum martyrum Vincentii atque Laurentii posuit, adjecta decima sui furni; sicut viderunt et audierunt hii : Herbertus de Wirchia; Willelmus de Tussé ; Herbertus de Sancto-Martiali et Drogo, homo ejus ; Goslinus de Crocheria ; Gaufridus Andegavensis ; Andreas Prepositus ; Gaufridus Mulotus ; Odo de Marciaco ; Orricus, clericus ; Hubertus, presbiter ; Herbertus, presbiter ; Clarembaudus ; Willelmus Preco. Confirmata est hec carta, cum signis subpositis, apud Basogers ante ecclesiam Sancti-Victuri, tresdecimo kalendarum septembris, in presentia Rannulfi abbatis et monachorum, Warini scilicet atque Bernardi ; sicut viderunt et audierunt testes isti : Hugo de Merlaio ; Roscelinus, filius Hugonis de Intramis ; Gaufridus, filius Roscelini ; Rainaldus, filius Raimundi ; Girardus et Richerius, famuli abbatis ; Willelmus, vicarius ; Drogo, filius Radulfi filii Hermün ; Wibertus Faber ; Willelmus de Filgariis ; Bernardus Faber ; Harduinus, filius Willelmi, vicarii ; Radulfus Pichardus ; Wauterius, sutor ; Ascelinus, filius Belote ; Bernardus Pellitarius ; Robertus Corvisarius ; Girardus, pistor ; Adam Porta-Corpus ; Mainardus, famulus monachorum ; Willelmus Male-se-Vinxit. *Domitella* quoque, *uxor Hamelini*, hec eadem ibi concessit cum *filiis suis*, quorum signa ad hujus concessionis confirmationem cum eorum nominibus subscribuntur :

Signum *Domitelle*, uxoris Hamelini, †.
Signum *Helie, cognomento Galebruni, filii ejus,* †.
Signum *Raginaldi, cognomento Hirci, filii ejus,* †.
Signum *Hugonis, filii ejus,* †.
Signum Clarembaudi de Monte-Fromerico, †.

(Biblioth. nationale, Cabinet des Manuscrits, *Cartulaire de Saint-Vincent du Mans,* t. I, f° 185.)

TRADUCTION.

COMMENT HAMELIN D'ANTHENAISE VOULUT REPRENDRE L'ÉGLISE DE BAZOUGERS ET LA DONNER AUX MOINES DE LA COUTURE.

Longtemps après que *Hamelin d'Anthenaise* avait donné aux moines de Saint-Vincent, l'église de Bazougers, le presbytère, la terre et toutes les dépendances de cette église, oubliant ses premiers bienfaits, il s'efforça de reprendre les biens ainsi légués et de les vendre au monastère de Saint-Pierre de la Couture. L'abbé Ranulfe et tous les religieux en portèrent plainte devant le seigneur Hoel, évêque [du Mans]. Celui-ci, tant par l'influence de ses fonctions que par ses moyens persuasifs, ramena Hamelin à des sentiments de justice. Il lui donna, sur les revenus de l'abbaye de Saint-Vincent, 10 livres de monnaie du Mans, et, à sa femme, un très-beau cheval tacheté, valant aussi 10 livres. Hamelin reconnut alors les droits de Saint-Vincent et renonça à les troubler d'aucune manière. Et, pour que lui-même et ses héritiers observassent perpétuellement cette convention, il engagea sa foi dans les mains de l'évêque, avec le baiser de paix, puis promit la ratification de sa femme et de ses fils. Enfin il déposa de nouveau la charte de ce don sur l'autel des saints Vincent et Laurent, martyrs, en y ajoutant la dîme de son four, comme l'attestent, pour y avoir assisté : Herbert de la Guerche ; Guillaume de Tussé ; Herbert de Saint-Martial et Drogon, son vassal ; Goslin de la Crochère ; Geoffroi d'Anjou ; André Prévost ; Geoffroi Mulot ; Eudes de Marcé ; Orric, clerc ; Hubert, prêtre ; Herbert, prêtre ; Clairembaud ; Guillaume Précon. Cette charte fut confirmée, avec l'apposition des seings, dans l'église de Saint-Victor de Bazougers, le 13 des calendes de septembre, devant l'abbé Ranulfe, les moines Guérin et Bernard, et les témoins suivants : Hugues de Merlay ; Roscelin, fils de Hugues d'Entrames ; Geoffroi, fils de Roscelin ; Rainaud, fils de Raimond ; Girard et Richer, serviteurs de l'abbé ; Guillaume, viguier ; Drogon, fils de Raoul fils d'Hermon ; Guibert Fabre ; Guillaume de Fougères ; Bernard Fabre ; Hardouin, fils de Guillaume, viguier ; Raoul Pichard ; Gautier, cordonnier ; Ascelin, fils de Belotte ; Bernard Pelletier ; Robert Courvaisier ; Girard, pêcheur ; Adam Porte-Corps ; Mainard, serviteur des moines ; Guillaume Mal-Lié. *Domitelle, femme d'Hamelin*, a ratifié également, *avec ses fils*, cette charte, où se trouvent consignés, comme suit, leurs seings et leurs noms :

Seing de *Domitelle, femme de Hamelin*, †.

Seing de *Hélie, surnommé Galebrun, son fils*, †.

Seing de *Renaud, surnommé le Bouc, son fils*, †.

Seing de *Hugues, son fils*, †.

Seing de Clairembaud de Montfromery, †.

Hamelin d'Anthenaise.

XV. DE CALUMPNIA DE TERRA DE FONTANA, SEDATA.

Circa 1100.

Ne contra veritatem falsitas aliquando prevaleat, volumus ut sciant posteri placitum quod in domo Huberti Ribole, post mortem patris sui fere uno mense, fecit Rannulfus, abbas Sancti-Vincentii, et monachi ejus, contra Hubertum filium Alcherii de Castellis, de terra de Fontana quam calumpniabatur, dicens quod eandem terram emerat Bernardus, avus suus, de Hugone de Supervidua. Interrogatus a curia quam calumpniam fecerat pater suus et mater sua de eadem terra, tempore quinque abbatum qui [ante istum abbatem presentem fuerunt, nichil omnino dicere scivit, nec ullum testimonium habuit. Unde judicavit dominus Gervasius de Castello-Lit, et omnes qui in eadem curia fuerunt, quod nec respondere quidem sibi abbas pro tali calumpnia deberet, et dampnum quod monachis Sancti-Vincentii fecerat aut per se, aut per alios, restaurare deberet. Isti fuerunt judices cum domno Gervasio : Hubertus Juvenis ; Burdechinus ; Richardus, filius Harengoti ; Wido, frater ejus ; Theobaudi, filius Hubaudi ; Viventius ; *Hamelinus de Altanosia ;* Hugo, filius Widonis. Postea supervenerunt, Herbertus de Manlia, Morannus, Gaufridus Blodus qui pro predicto Huberto calumpniabatur, et recensuit eis Viventius calumpniam et judicium, et annuerunt illos rectum judicasse. Hoc audierunt et viderunt isti : Garsendis, uxor Huberti ; Fulco et Gaufridus, filii ejus ; Wido, filii Tedelini ; Girbertus Fortinus ; Hubertus de Domnofronte ; Hamelinus ; Bernardus, prepositus ; Succherius de Luceio ; Gaufridus Rubeum-Collum ; Frogerius Monetarius ; Rogerius, pistor abbatis, et Succherius, consobrinus ejus ; Ewrardus, dapifer ; Hugo Mareschallus ; Wauterius, filius Haimonis ; Herbertus, armiger Huberti Juvenis.

(Biblioth. nationale, Cabinet des Manuscrits, *Cartulaire de Saint-Vincent du Mans*, t. I, f° 115.)

TRADUCTION.

ACCORD SUR LES CONTESTATIONS RELATIVES A LA TERRE DE FONTAINE.

Craignant que le faux ne vienne à prévaloir sur le vrai, nous voulons que nos descendants aient connaissance du plaid qui a été tenu chez Hubert Riboul, un mois environ après la mort de son père. Il eut lieu, à la demande de Ranulfe, abbé de Saint-Vincent, et de ses religieux, contre Hubert, fils d'Aucher de Châteaux, au sujet de la terre de Fontaine, sur laquelle ce dernier élevait des prétentions, disant que Bernard, son aïeul, l'avait achetée de Hugues de Survie. La cour lui ayant demandé si son père, ou sa mère, avait revendiqué cette terre du temps des cinq abbés prédécesseurs de Ranulfe, il n'a pu rien répondre, ni produire de témoignages. En conséquence, Gervais de Château-du-Loir et ceux qui siégeaient avec lui ont déclaré que l'abbé n'avait pas à s'inquiéter d'une pareille prétention, et qu'Hubert devait être tenu de réparer le dommage causé soit par lui-même, soit par autrui, aux moines de Saint-Vincent. Les juges qui assistèrent Gervais, furent : Hubert le Jeune; Burchin; Richard, fils d'Harengot; Gui, son frère; Thibaud, fils d'Hubaud; Viventius; *Hamelin d'Anthenaise*; Hugues, fils de Gui. Ensuite survinrent : Herbert de Manlia, Morand, puis Geoffroi Blot, qui réclamait au nom dudit Hubert. Viventius leur fit connaître le point en litige, et, la sentence rendue, ils proclamèrent que la cour avait bien jugé. Voilà ce qu'ont vu, et entendu : Garsende, femme d'Hubert; Foulques et Geoffroi, ses fils; Gui, fils de Tédelin; Gilbert Fortin; Hubert de Domfront; Hamelin; Bernard, prévôt; Sucher de Lucé; Geoffroi Rouge-Col; Froger Monnoyer; Roger, pêcheur de l'abbé, et Sucher, son cousin; Ebrard, sénéchal; Hugues Maréchal; Gautier, fils d'Haimon; Herbert, écuyer d'Hubert le Jeune.

Hugues d'Anthenaise.

XVI. DE BURGUNDIONE, FILIO VITALIS CLERICI, DE TUFIACO.

Circa 1100.

Notum sit presentibus atque futuris, quod Burgundio, filius Vitalis Clerici, de Tufiaco, dedit monachis Sancti-Vincentii illam partem quam habebat in molendinis que sunt apud Tufiacum. Dedit etiam se ipsum, cum omnibus que habebat, suppliciter expetens ut quando fieri vellet monachus, suis omnibus que tunc habere posset in dispositione monachorum traditis, ei ex integro concederetur. Quod et abbas libentissime concessit et monachi. Promisit ei etiam abbas ipso, tam humiliter deprecante, unam de suis se daturum ecclesiis, si vellet et posset deservire ecclesie. Tunc de rebus istis posuit donum super altare Sancti-Vincentii, videntibus istis : Warino, presbitero de Tufiaco; Rogerio, dapifero; Raginaldo et Radulfo, carpentariis; Gunduino; Warnerio; Godefrido; Umfredo; Pagano Paupere, Sensu; Alberico, molendinario; Tescelino, sartore; Huberto, predicatore; Guarino, infirmario. Ex parte Burgundionis fuerunt isti qui scriptam donationem viderunt et audierunt : Wauterius Magnus, de Baladone; Richardus de Tormer; Albertus de Vilers; *Hugo de Altanosia*. De querelis vero abbatis quas erga eum habebat de infractione scilicet cimiterii de Tufiaco, in ammonitione abbatis est, ut scilicet quando eum ammonuerit, plenariam ei faciet rectitudinem.

(Biblioth. nationale, Cabinet des Manuscrits, *Cartulaire de Saint-Vincent du Mans*, t. I, f° 89.)

TRADUCTION.

BURGONDION, FILS DE VITAL LE CLERC, DE TUFFÉ.

Sachent tous, présents et à venir, que Burgondion, fils de Vital le Clerc, de Tuffé, a donné aux moines de Saint-Vincent la part qu'il avait dans les moulins situés à Tuffé. Il leur a donné également sa propre personne, avec tous ses biens, les suppliant, lorsqu'il voudrait entrer en religion, de le recevoir sans difficulté, et qu'il mettrait à leur disposition tout ce qu'alors il posséderait. Ce à quoi l'abbé et les religieux ont consenti de très-bonne grâce. L'abbé, même, touché d'une prière faite avec tant d'humilité, a promis aussi de lui confier une de ses églises, dans le cas où il voudrait et pourrait la desservir. Burgondion, ensuite, a posé la charte relatant l'abandon de ses biens, sur l'autel de Saint-Vincent, en présence de : Guérin, prêtre de Tuffé; Roger, sénéchal; Renaud et Raoul, charpentiers; Gondouin; Garnier; Godefroi; Onfroi; Payen le Pauvre, de Sens; Albéric, meunier; Tescelin, sarcleur; Hubert, prédicateur; Guérin, infirmier. Du côté de Burgondion les témoins de cet écrit ont été : Gautier le Grand, de Balon; Richard de Tormer; Albert de Villiers; *Hugues d'Anthenaise.* A l'égard des plaintes élevées, par l'abbé, relativement à l'infraction faite aux priviléges du monastère, sur le cimetière de Tuffé, le droit de remontrance a été reconnu audit abbé, qui, quand il l'exercera, recevra de Vital le Clerc pleine et entière satisfaction.

Hamelin d'Anthenaise et Domitelle, sa femme; Galebrun et Renaud, ses fils; Aymeric d'Anthenaise.

XVII. DE OLCIS TERRE QUAS DEDIT HAMELINUS DE ALTANOSIA.

Circa 1100.

Notum sit quod *Hamelinus de Altanosia* apud eandem villam duas olcas terre, unam juxta capellam Sancti-Petri, alteram juxta ejusdem Hamelini vineam, monachis Sancti-Vincentii in elemosinam dedit, concedente *uxore sua Domitella cum omnibus pueris utriusque sexus.* Unde donum super altare Sancte-Marie Altanoisie posuit, fratribus Bernardo et Aimerico, presentibus. Hujus rei sunt testes : Hugo de Torcé; Hugo Nimium-Carpens; Robertus de Broilo; Mainardus, famulus monachorum; Oggerius de Capella, et multi alii. Postea dedit olcam terre, cum pratello, juxta capellam Sancti-Petri; quod concessit *Galebrunus et Raginaldus, filii sui*, et uxor ejus Domitella; videntibus : Ernaldo, presbitero; Gauterio, filio Morcheni; *Haimerico de Altanoisia*; Ingelgerio, vicario.

(Biblioth. nationale, Cabinet des Manuscrits, *Cartulaire de Saint-Vincent du Mans,* t. I, fo 191.)

TRADUCTION.

OUCHES DE TERRE DONNÉES PAR HAMELIN D'ANTHENAISE.

Qu'il soit connu que *Hamelin d'Anthenaise,* du consentement de *sa femme Domitelle* et de *tous ses enfants de l'un et l'autre sexe,* a donné en aumône, au monastère de Saint-Vincent, deux ouches de terre sises au lieu d'Anthenaise, près la chapelle de Saint-Pierre et près la vigne dudit Hamelin, qui a déposé la charte de ce don sur l'autel de Sainte-Marie d'Anthenaise, en présence des frères Bernard et Aymeric, et des témoins suivants : Hugues de Torcé; Hugues Trop-Prenant; Robert du Breil; Mainard, serviteur des moines; Oger de la Chapelle, et plusieurs autres. Hamelin a donné ensuite une troisième ouche de terre et un préau avoisinant la chapelle de Saint-Pierre, et ce avec le consentement de *Galebrun* et de *Renaud ses fils*, puis de sa femme Domitelle, en présence de : Ernaud, prêtre; Gautier, fils de Morchène; *Aymeric d'Anthenaise;* Ingelger, viguier.

Hamelin d'Anthenaise et Domitelle, sa femme.

XVIII. DE DECIMIS DATIS A GAUFRIDO, FILIO ROSCELINI.

Circa 1100.

Presentis posterique evi mortalibus intimare volumus, quod Gaufridus, filius Roscelini, frater videlicet Warini monachi, dedit Deo monachisque Sancti-Vincentii, pro remedio anime sue, parentumque suorum, omnem decimam quam habebat in parrochia de Parenniacho, et etiam illam terram quam habebat in parrochia de Basogeriis, et quicquid habebat in ecclesia de Basogeriis. Preterea annuit supradictis monachis, quicquid dono aut emptione adquirere poterunt de fevo suo, ita tamen ut non perdat servicium suum ex hominibus suis. Hoc actum est in castro quod nominatur Vallis, in domo videlicet *Hamelini de Altanosia*, presente eodem Hamelino et *uxore ejus Domitella,* et aliis his viris : Huberto et Haimone, filiis Goscelini monachi; Lisiardo et Richardo, presbiteris; Radulfo, filio Hermonis; Gaufrido, filio Hugonis ; Oravia, femina Roberti.

(Biblioth. nationale, Cabinet des Manuscrits, *Cartulaire de Saint-Vincent du Mans,* t. I, f°s 181-182.)

TRADUCTION.

DÎMES DONNÉES PAR GEOFFROI, FILS DE ROSCELIN.

Nous voulons déclarer aux hommes du temps actuel, ainsi qu'à ceux du temps à venir, que Geoffroi, fils de Roscelin et frère du moine Guérin, a donné à Dieu et aux religieux de Saint-Vincent, pour le salut de son âme et de ses parents, la dîme lui appartenant dans la paroisse de Parné, la terre qu'il avait en celle de Bazougers, et tout ce qui lui revenait dans l'église de ce dernier lieu. Il a consenti, en outre, à toutes les acquisitions que les moines pourraient faire, par don ou achat, de biens dépendant de son fief, mais sans qu'il fût exposé, cependant, à perdre le service qui lui est dû par ses vassaux. Fait au château appelé Laval, en la maison de *Hamelin d'Anthenaise,* à ce présent ainsi que *sa femme Domitelle* et les personnes ci-après : Hubert et Haimon, fils du moine Goscelin; Lisiard et Richard, prêtres; Raoul, fils d'Hermon; Geoffroi, fils de Hugues; Oravie, femme de Robert.

Galebrun de Bazougers, fils de feu Hamelin d'Anthenaise, et Domète, sa mère; Gaido, son frère, et ses autres frères non dénommés.

XIX. DE EMENDATIONE GUALEBRUINI DE BASOGERIIS ERGA SANCTUM-VINCENTIUM.

Circa 1106.

Notum sit presentibus et futuris sancte Dei Ecclesie fidelibus, Willelmum, abbatem Sancti-Vincentii, adiisse *Walebrunum, filium Hamelini de Altanosia,* apud Basogers degentem, pro injuriis et dampnis que monachis, dum vixerat, ipse Hamelinus intulerat. Audiens autem justam querelam abbatis predictus Galebrunus, promisit se omnia emendaturum, de quibus abbas et monachi conqueri videbantur. Abstulerat siquidem pater ejus eisdem monachis partem cymiterii ecclesie de Basogers que continua castello suo erat, et in eadem domos burgensium suorum construi fecerat. Pro hac autem dedit Walebrunus quandam olcam terre, juxta terram monachorum sitam; et aliam partem cymiterii que ad dexteram ecclesie sita est, concessit eisdem ad construendum sibi domos et ad quicquid vellent agendum. Annuit etiam ipsis quicquid eisdem pater suus aut dederat aut concesserat, et quicquid in fevo tenebant; accepto beneficio ecclesie sanctorum martyrum Vincentii et Laurentii ab abbate Willelmo, sibi et *patri suo defuncto*, et *matri sue*, et *fratribus*. Hanc eandem concessionem annuentibus, *Dometa* videlicet, *matre*, et *Gaido*, *fratre*. Hujus rei sunt testes isti : Gaufridus, filius Roscelini; Hubertus, vicarius; Theobaudus de Mundarmerio; Hubertus Decanus, Matheus, filius ejus.

(Biblioth. nationale, Cabinet des Manuscrits, *Cartulaire de Saint-Vincent du Mans*, t. I, f° 181.)

TRADUCTION.

ACTE DE JUSTICE DE GALEBRUN DE BAZOUGERS ENVERS L'ABBAYE SAINT-VINCENT.

Sachent tous les fidèles, présents et futurs, de la sainte Église de Dieu, que Guillaume, abbé de Saint-Vincent, s'est rendu auprès de *Galebrun, fils d'Hamelin d'Anthenaise*, demeurant à Bazougers, pour se plaindre des torts et dommages que, de son vivant, Hamelin avait causés aux moines de l'abbaye. Galebrun, reconnaissant la légitimité de cette requête, promit réparation sur tous les points signalés par Guillaume et ses moines. Son père avait pris au couvent une portion, contiguë à son château, du cimetière de Bazougers pour y construire les habitations de ses bourgeois : Galebrun donna en échange une ouche de terre limitant la propriété des moines, et leur céda, pour bâtir des maisons et faire ce qu'ils jugeraient convenable, une autre portion du cimetière sise à droite de l'église. De plus, il confirma toutes les donations ou concessions que son père leur avait faites, ainsi que tout ce qu'ils tenaient de lui en fief; et, pour ce, fut admis, avec *son défunt père*, *sa mère* et *ses frères*, au bénéfice des prières de l'église des saints martyrs Vincent et Laurent. Consentirent à cette donation : *Domète sa mère* et *Gaïdo son frère*. En furent témoins : Geoffroi, fils de Roscelin; Hubert, viguier; Thibaud de Montdarmer; Hubert le Doyen, Mathieu, son fils.

Galebrun d'Anthenaise, Renaud, Gaido, Foulquerand et Savari, ses frères; défunts Hamelin d'Anthenaise et Domète, leurs père et mère.

XX. DE DONATIONE ECCLESIE DE BASOGERIIS.

Circa 1108.

Presentium futurorumque memorie tradere duximus dignum, quod *Hamelinus de Altanosia* et *Dometa*, *uxor ejus*, dederunt monachis Sancti-Vincentii ecclesiam de Basogers, et quicquid Hubertus Decanus in ipsa ecclesia habebat, presbyterium scilicet et terram presbiterio pertinentem, post mortem ejusdem Huberti perpetualiter habendum. Mortuis autem Hamelino et Huberto, *Galebrunus, filius Hamelini*, donum quod pater et mater ejus fecerant et ipse vivente patre concesserat, denegavit, et monachos eodem dono omnino privavit. Quapropter monachi eumdem Walebrunum sepius adeuntes, rogabant ut concessionem suam et donum patris sui recognosceret. Quem cum nec prece nec placito ad rectitudinem flectere valerent, tandem post concertationem multam, cum eo ad hujusmodi concordiam venerunt. Dederunt siquidem ei monachi triginta libras Cenomannensium denariorum, et terram presbiterii, que eorum esse juris videbatur, ei pacifice dimiserunt. Ipse vero eisdem partem quam accipiebat in decima ecclesie et in primiciis, et presbiterium benigne et quiete habere concessit, sicut prefatus Hubertus habuerat. Ut igitur hec concordia stabilis esset, dederunt monachi *fratribus Galebruni* viginti solidos, ut huic concessioni et concordie faverent. Quorum prior, videlicet *Raginaldus*, habuit quinque solidos; sequens, nomine *Gaido*, quinque solidos; tertius, *Fulcherannus*, quinque solidos; quartus, *Savaricus*, quinque solidos : qui omnes hanc concordiam libenter concesserunt. Hec concordia facta est apud Basogers in claustro monachorum, sub presentia Willelmi abbatis, Willelmi prioris, Ambrosii monachi, Gaulini Majoris-Monasterii monachi; et sub testimonio horum virorum : Theobaudi de Mondarmer; Willelmi de Sancto-

Dionisio ; Ivonis ; Gaufridi, filii Roscelini ; Huberti, vicarii ; Radulfi de Pino; Pagani de Broilo; Roberti, filii ejus; Haimerici; Willelmi Rainerii; Wauterii Pelliparii; Gallopini; Wauterii de Boistria; Hamelini, presbiteri; Gaufridi, presbiteri; Roberti, filii Haimonis Decani; Haimo, clericus; Theelinus et Paganus, famuli abbatis. Isti etiam fuerunt ubi Gaido et Fulcherannus annuerunt hanc concordiam : Hugo de Torciaco; Paganus de Broilo; Robertus, filius ejus; Gaufridus, filius Roscelini; Willelmus de Sancto-Dionisio; Hamelinus, presbiter; Gaufridus, presbiter; Robertus de Boissel; Hugo Dalibart; Ivo de Balai; Bernardus, presbiter de Sancto-Cenereo; Raherius de Monte-Rohart; Warinus de Monte-Rohart; Herbertus de Chambrai; Richardus de Cogleis; Hubertus, vicarius.

(Biblioth. nationale, Cabinet des Manuscrits, *Cartulaire de Saint-Vincent du Mans*, t. I, f° 183.)

TRADUCTION.

DONATION DE L'ÉGLISE DE BAZOUGERS.

Nous avons jugé les faits suivants dignes d'être transmis à la mémoire de toutes personnes présentes et à venir : *Hamelin d'Anthenaise* et *Domète, sa femme,* avaient donné l'église de Bazougers au monastère de Saint-Vincent, et même y avaient ajouté la cession de tout ce que Hubert le Doyen possédait dans cette église, savoir, le presbytère et la terre en dépendant, pour en jouir perpétuellement après le décès de ce dernier. Cependant, Hamelin et Hubert étant morts, *Galebrun, fils d'Hamelin,* dénia cette donation de ses parents, quoiqu'il l'eût approuvée du vivant de son père, et la reprit entièrement aux moines. Maintes fois ceux-ci se rendirent alors auprès de Galebrun, pour le conjurer de reconnaître et sa propre ratification et le don de son père. Mais ne pouvant l'amener, ni par leurs prières, ni par leurs remontrances, à des sentiments plus justes, ils finirent, après de longs débats, par conclure en commun l'accord suivant : ils lui payèrent 30 livres monnaie du Mans et lui abandonnèrent la terre du presbytère, sur laquelle ils paraissaient avoir un droit fondé. Galebrun, de son côté, leur donna le presbytère et la part qu'il avait dans la dîme et les prémices de l'Église, pour être, le tout, bénignement et paisiblement possédé par eux, comme

Hubert l'avait possédé. Puis, afin de rendre stable cet accord, et de le faire approuver *des frères de Galebrun,* les moines leur donnèrent 20 sous, savoir : 5 sous au premier, nommé *Renaud;* 5 sous au second, appelé *Gaïdo;* 5 sous à *Foulquerand,* le troisième; 5 sous à *Savari,* le quatrième; et tous confirmèrent volontiers cet accord, qui fut réglé à Bazougers, dans le cloître des religieux, en présence de l'abbé Guillaume (1), du prieur Guillaume, du moine Ambroise, de Gaulin, moine de Marmoutier, et des témoins ci-après : Thibaud de Montdarmer; Guillaume de Saint-Denis; Ivon; Geoffroi, fils de Roscelin; Hubert, viguier; Raoul du Pin; Payen du Breil; Robert, son fils; Aymeric; Guillaume Rainier; Gautier le Pelletier; Gallopin; Gautier de la Boistrie; Hamelin, prêtre; Geoffroi, prêtre; Robert, fils d'Haimon le Doyen; Haimon, clerc; Theelin et Payen, serviteurs de l'abbé. Suivent les noms des témoins de la ratification de l'accord par Gaido et Foulquerand : Hugues de Torcé; Payen du Breil; Robert, son fils; Geoffroi, fils de Roscelin; Guillaume de Saint-Denis; Hamelin, prêtre; Geoffroi, prêtre; Robert de Boissel; Hugues Dalibart; Ivon de Balay; Bernard, prêtre de Saint-Ceneré; Rahier de Mont-Rohart; Guérin de Mont-Rohart; Herbert de Chambray; Richard de Cogleis; Hubert, viguier.

Galebrun d'Anthenaise.

XXI. DE QUERELA HABITA INTER MONACHOS ET DOMINUM WALEBRUNUM.

Circa 1110.

De querela que inter monachos Sancti-Vincentii et dominum *Galebrunum* habebatur de ecclesia de Basogers, et pro decimis et primiciis ecclesie ipsius, ad hujusmodi concordiam venerunt tandem monachi cum domino Galebruno : ipse siquidem eisdem monachis concessit quicquid in primiciis et in decimis accipiebat, ita ut sibi darent monachi pro hac concessione triginta libras denariorum. Sed quia monachis possibile non erat ut presentialiter eosdem dena-

(1) L'abbé Guillaume gouverna de 1105 à 1109 le monastère de Saint-Vincent.

rios persolverent, Hamelino presbitero in vadimonium tradiderunt terras suas et vineas quas habebant apud Basogers, qui predictos denarios domno Galebruno pro eis redderet. Solummodo autem retinuerunt sibi monachi vineam que est ab orientali parte ville, ita ut eandem ipsi et Hamelinus faciant, et racemos ejusdem vinee pariter partiantur; olcam etiam terre que infra sepem ipsius vinee concluditur, in dominium retinuerunt. Hoc autem vadimonium tali tenore ei tradiderunt, ut quatuor annorum continuorum messes pacifice in terra colligat; si vero post collectionem quatuor messium, monachi reddiderint ei simul omnes suos denarios, terras et vineas suas sine aliqua contradictione recipient; quod si tertiam aut mediam partem denariorum reddiderint, talem partem terre et vinearum recipient qualem partem nummorum solverint. Hec conventio facta est in Capitulo Sancti-Vincentii, videntibus et audientibus his testibus : Herberto Russello; Alberico, molendinario; Bernardo, pistore; Umfredo de Broilo; Radulfo Chotardo.

(Biblioth. nationale, Cabinet des Manuscrits, *Cartulaire de Saint-Vincent du Mans*, t. I, f° 186.)

TRADUCTION.

CONTESTATION SURVENUE ENTRE LES MOINES ET LE SEIGNEUR GALEBRUN.

La contestation qui existait entre les moines de Saint-Vincent et le seigneur Galebrun, relativement à l'église de Bazougers, ainsi qu'aux dîmes et aux prémices de cette église, a été enfin terminée par l'accord suivant : le seigneur Galebrun a concédé aux moines tout ce qu'il percevait en prémices et en dîmes, sous la condition que ceux-ci lui compteraient, en retour, une somme de 30 livres. Mais comme ils ne pouvaient la payer comptant, ils ont engagé les terres et les vignes qu'ils possédaient à Bazougers, à un prêtre nommé Hamelin, pour que celui-ci la versât, en leur nom, au seigneur Galebrun. Toutefois, ils se sont réservé la vigne qui est à l'orient de Bazougers, pour en partager par égale portion, avec Hamelin, la façon et les fruits. Ils ont aussi gardé la pleine propriété de l'ouche de terre enclose au-dessous de la haie de ladite vigne. Le gage ainsi fourni à Hamelin, l'a été sous la condition que celui-ci récoltera paisiblement, pendant quatre ans consécutifs, les fruits des terres livrées; mais qu'après la récolte de ces quatre moissons, si les moines lui rendent en un seul paiement toute la somme prêtée, ils reprendront, sans nulle opposition de sa part, leurs terres et leurs vignes; et, s'ils lui en versent seulement le tiers ou la moitié, qu'ils recevront, en échange, une partie de ces terres et de ces vignes égale à la quotité de l'argent remboursé. Cette convention a été faite dans le Chapitre de Saint-Vincent, devant les témoins ici dénommés : Herbert Roussel; Albéric, meunier; Bernard, pêcheur; Onfroi du Breil; Raoul Chotard.

Foulques d'Anthenaise.

XXII.

Ab anno 1142 ad 1146 (1).

Ratum habeant universi quod ego Guido, Lavallensis dominus, consilio domini Guillelmi, venerabilis Cenomannensis episcopi, et fratris mei Hamonis, et uxoris mee Agathe, et filiorum meorum Guidonis atque Sicilie,.... monachis Majoris-Monasterii et prioratui Lavallensi, parriochatum de Gravella cum capella in ea et omnibus ad capellaniam pertinentibus. Hoc donum super altare Bi-Martini Lavallensis cum clavibus ejusdem ecclesie posui, et sigilli mei impressione corroborari feci, et eorum nomina qui interfuerunt annotari precepi. Ex parte mea : Guillelmus Havart; Guillelmus de Bor; Rotbertus, filius Ritchildis; Paganus Segnore; Robertus de Alodis; *Fulco de Altanosia;* Guido de Roxeio; Guillelmus Trossarius; Hubertus Boguer; Johannes Rufus, et alii. Ex parte monachorum : Hubertus Ribot; Johannes Chalopin; Simon Trossarius; Gaufridus Rossel, et alii multi.

(Biblioth. nationale, Cabinet des Manuscrits, *Cartulaire de Marmoutier*, t. III, fo 10.)

---

(1) Cette charte fut souscrite pendant la période qui s'écoula de 1142, époque où l'on intronisa l'évêque Guillaume, jusqu'à 1146, année dans laquelle, selon l'opinion la plus accréditée, mourut Gui IV, le comte de Laval dont il est question ici.

TRADUCTION.

Sachent tous que moi, Gui, seigneur de Laval, déférant aux conseils de vénérable seigneur Guillaume, évêque du Mans, de mon frère Hamon, d'Agathe ma femme, et de mes enfants Gui et Cécile,... j'ai donné au monastère de Marmoutier, et au prieuré de Laval, la paroisse de la Gravelle, avec la chapelle qui y existe et tout ce qui dépend de la chapellenie. J'ai déposé la charte relatant ce don, sur l'autel de Saint-Martin de Laval, ainsi que les clefs de ladite église, et fait appliquer mon sceau à cette même pièce, où figurent les noms des témoins de la donation, qui sont, de mon côté : Guillaume Havart; Guillaume de Bor; Robert, fils de Richilde; Payen le Seigneur; Robert des Alleuds; *Foulques d'Anthenaise*; Gui de Roussay; Guillaume Trossier; Hubert Boguer; Jean Leroux, etc. Puis, du côté des moines : Hubert Ribot; Jean Chalopin; Simon Trossier; Geoffroi Roussel, et beaucoup d'autres.

Pierre d'Anthenaise et Foulquerand, son frère.

XXIII.

Ab anno 1146 ad 1170.

Manifestum sit universis presentem paginam lecturis et audituris, quod ego Guido quintus (1), dominus Lavallis, divine pietatis intuitu et pro redemptione anime mee, et patris mei, et antecessorum meorum, concessi abbatie de Buxeria ut res ad proprios usus suos pertinentes tam in emptione quam venditione et passagio, libere sint et quite ab omnibus consuetudinibus per totam terram meam ibicumque sit. Ut autem istud apud posteros maneat inconcussum, sigilli mei attestatione munivi. Testibus his : Radulpho de Silgerio; domina Emma, uxore pretaxati Guidonis; *Petro de Antenosia; Focqueran, fratre suo;* Hugone Franco;

(1) Ce Gui V, comte de Laval, succéda vers 1146, à son père, et mourut après 1170.

Raginaldo Episcopo, Lavallis senescallo; Willelmo Seignore; Hugone de Matefelon.

(Biblioth. nationale, Cabinet des Manuscrits, *Recueil de dom Housseau*, t. VI, n° 2127.)

TRADUCTION.

Que tous ceux qui liront ou entendront lire le présent écrit, sachent que, par un sentiment de piété envers Dieu, puis pour la rédemption de mon âme, et de celle de mon père et de mes prédécesseurs, moi Gui V, seigneur de Laval, j'ai concédé à l'abbaye de la Boissière, pour toutes les choses à son propre usage, l'affranchissement des droits d'achat, de vente ou de péage, dans l'étendue de mon fief. Et afin que cette charte demeure ferme et stable auprès de nos descendants, je l'ai munie de mon sceau, comme témoignage de vérité. Furent présents : Raoul de Silgerio; dame Emme, épouse du susdit Gui; *Pierre d'Anthenaise; Foulquerand, son frère;* Hugues Francon; Renaud l'Evêque, sénéchal de Laval; Guillaume le Seigneur; Hugues de Mathefelon.

Foulquerand d'Anthenaise et Savari, son frère.

XXIV. CONFIRMATIO ECCLESIE DE BASOGERS.

Ab anno 1166 ad 1168.

Willelmus, Dei gratia Cenomannensis, episcopus (1), universis fidelibus in Christo, salutem. Notum fieri curavimus quod cum ecclesia Sancti-Victuri de Basogiers vacare contigisset, et monachi Sancti-Vincentii Cenomannensis, qui ordinationem ejus ad jus suum spectare adstruebant, personam ibi instituendam presentare disponerent, *Fulquerandus de Altanoisia* calumpniari interposuit, proponens illius ecclesie patronatum ad se jure hereditario pertinere. Tandem vero questione illa diu ventilata, inter partes illas talis compositio intercessit. Predicti monachi inducti precibus Nicho-

(1) Cet évêque du Mans mourut en 1169.

laï, decani Cenomannensis, et Roberti de Sabloio, ad peticionem prefati Fulquerandi, dederunt predictam ecclesiam cuidam clerico, et idem Fulquerandus quictavit eis et perpetuo dimisit tam ipse quam *Salvaricus*, *frater ejus*, quicquid juris in sepedicta ecclesia reclamabant, et, sicut ex testimonio quorumdam monachorum prefate ecclesie didicimus pretaxati Fulquerandus et Salvaricus, frater ejus, in Capitulum Sancti-Vincentii venientes, pretaxate jus ecclesie quod Fulquerandus requisierat, ibidem abjuraverunt, et sub eodem juramento illud jam dictis monachis perpetuo concesserunt. Quod ut fidelius conservetur, id litteris confirmari et sigillo nostro fecimus communiri. Huic rei interfuerunt : Bernardus, capellanus ; magister Lisiardus ; magister Ernaudus ; magister Guarinus Angli ; Gervasius de Montibus, prior ; Gervasius de Moira, cellararius ; Gaufridus de Alenceio,.... et multi alii.

(Biblioth. nationale, Cabinet des Manuscrits, *Cartulaire de Saint-Vincent du Mans*, t. I, fos 368 et 523.)

TRADUCTION.

CONFIRMATION DU DON DE L'ÉGLISE DE BAZOUGERS.

Guillaume, par la grâce de Dieu évêque du Mans, à tous les fidèles serviteurs du Christ, salut. Nous faisons savoir que l'église de Saint-Victor de Bazougers étant venue à vaquer, les moines de Saint-Vincent du Mans, qui prétendaient en avoir l'administration, se préparèrent à exercer leur droit de présentation, mais *Foulquerand d'Anthenaïse* éleva à ce sujet des réclamations motivées sur ce que le patronage de cette église lui appartenait par droit héréditaire. Après longues discussions, l'accord suivant est enfin intervenu entre les parties : les moines, à la prière de Nicolas, doyen du Mans, et de Robert de Sablé, ont donné, selon le désir de Foulquerand, cette église à un clerc, et Foulquerand, par contre, a renoncé pour toujours, en leur faveur, aux droits qu'il réclamait, ainsi que *son frère Savari*, sur ladite église. De plus, comme nous l'ont attesté divers religieux du lieu, Foulquerand et Savari, son frère, s'étant rendus dans le Chapitre de Saint-Vincent, y ont renoncé, sous serment, aux droits revendiqués par Foulquerand, et les ont, à perpétuité et par le même serment, cédés aux moines. Et pour que la mémoire de ce fait se conserve plus fidèlement, nous avons voulu qu'il fût consigné dans ces lettres, auxquelles a été apposé notre sceau. A ceci furent présents : Bernard, chapelain; maître Lisiard; maître Ernaud; maître Guérin l'Anglais; Gervais de Mons, prieur; Gervais de Moire, cellerier; Geoffroi d'Alencé,.... et plusieurs autres.

Robert d'Anthenaise.

XXV.

Circa 1170.

Quoniam veritas sub scripti auctoritate tucius debet ac fidelius conservari, notum fieri curavimus, quod cum Willelmus de Aronio viam universe carnis ingressus fuisset, sibique sepulturam in claustro nostro concessissemus, post parvum temporis Herveus, ejus filius primogenitus, tanti beneficii non immemor, pro anima patris Hervei, pro salute antecessorum suorum, et hoc cum consilio, et assensu Mathei, avunculi sui, quoddam pratum quod dicitur Hartia-in-Pede, in riparia Besenchonii situm, monachis Beati-Vincentii in elemosinam dedit et concessit. Nos vero Matheum filium predicti Willelmi in monachum accepimus, atque Matheo puerorum avunculo L solidos Cenomannensis monete in caritate dedimus. Predictum pratum Herveus, heres Willelmi, dedit et concessit, et inde habuit II solidos et dimidium; atque Robertus, frater ejus, concessit, et inde habuit III solidos Cenomannensis monete; et Beatrix, soror eorum, concessit, et inde habuit XII denarios. Hoc viderunt et audierunt isti : Gauterius, presbiter de Ponte-Baladonis; Garinus de Vadoramato; Brunus, senescallus; Gervasius, pistor; Arnulfus, sarcinator; Johannes, coquus; Gauffridus de Pratis; Arnulfus Potarius; Ricardus de Sagonia; Garinus de Congeio; Oliverius, nepos abbatis; Engelbaudus de Maresche, monachi; Harduinus, prior ecclesie; Herbertus de Campaniaco, subprior; Johannes

Natalis; Johannes de Corguirri...; Willelmus de F...; *Robertus de Altanosia;* Richardus de Vallibus; Gervasius de Montibus; Gauterius de Moncell...; Gervasius de Moria; Herbertus de Pilimiaco; Willelmus de Alenceio; Garinus de Ebronio; Guibertus de Noento; Raginaldus de Bellomonte; Drogo de Loiaco; Willelmus Rotudel. — Hoc vidit et audivit, Johannes de Meharu; huic reddimus III denarios et obolam de censu prati supradicti apud Noentum, in Nativitate sancti Johannis Baptiste, similiter et Chalopino Buignon, III denarios et obolam, in eodem festo.

(Biblioth. nationale, Cabinet des Manuscrits, *Cartulaire de Saint-Vincent du Mans,* t. I, f° 303.)

TRADUCTION.

Comme la vérité doit se conserver plus sûrement, et plus fidèlement, sous la garantie de l'écriture, nous avons pris soin de faire savoir que Guillaume d'Aron étant entré dans la voie de toute chair, et ayant obtenu de nous sa sépulture dans notre cloître, Hervé, son fils aîné, reconnaissant d'un tel bienfait, avec le conseil et l'assentiment de Mathieu son oncle, a, peu de temps après, donné et concédé en aumône, aux religieux de Saint-Vincent, pour le salut de son âme et de celles de ses prédécesseurs, le pré nommé la Hart-en-Pied, situé sur les bords du Besanchon. Quant à nous, nous avons accepté pour moine, Mathieu, fils de Guillaume, et, par reconnaissance, donné à Mathieu, oncle des enfants de ce Guillaume, 50 sous mansais. Hervé, l'héritier de Guillaume, a reçu, lui, pour le don de la cession dudit pré, 2 sous et demi; Robert, son frère, 3 sous mansais pour sa ratification, et Béatrix, leur sœur, 12 deniers pour la même cause. Ce qu'affirment avoir vu, et entendu, les témoins suivants : Gautier, prêtre de Pont-Baladon; Garin de Guerrame; le Brun, sénéchal; Gervais, pêcheur; Arnoul, tailleur; Jean, cuisinier; Geoffroi des Prés; Arnoul Potier; Richard de Sagonne; Guérin de Congé; Olivier, neveu de l'abbé, Engelbaud de Mareschè, moines; Hardouin, prieur de l'église de Saint-Vincent; Herbert de Champagné, sous-prieur; Jean Natalis; Jean de Corguirri...; Guillaume de F...; *Robert d'Anthenaise;* Richard des Vaux; Gervais des Monts; Gautier du Moncel; Gervais de Moire; Herbert de Pirmil; Guillaume d'Alencé; Guérin d'Evron; Guibert de Noyen; Renaud de Beaumont; Drogon de Loiaco (de Loué ?); Guillaume Rotudel. — Jean de Méharu a également été témoin de cette charte, et nous lui devons un cens de 3 deniers et 1 obole, payable à Noyen, le jour de la Nativité de saint Jean-Baptiste; puis à Chalopin, 3 deniers et 1 obole, payables à la même fête, pour le pré dont il s'agit.

Hamelin d'Anthenaise.

XXVI.

Circa 1185.

Stephanus de Marthaio, domini Henrici, regis Anglie, senescallus Andegavensis, universis, etc., salutem. Notum vobis fieri volumus quod totum pressoragium Boeric, et omnium vinearum circa Boeriam, cujuscunque feodi sint, et quicumque eas teneat sive miles, sive burgensis, totum est monachorum Majoris-Monasterii apud Boeriam manentium..... *Hamelinus de Autenosia* erexit pressorium in Boeria; quod monachi graviter ferentes, ostenderunt domino Henrico, regi Anglie, qui michi precepit ut nullo modo sustinerem eos a jure suo privari, sed cogerem Hamelinum de Autenosia, etc.............. Judicaverunt barones quod ecclesia in perpetuum possideat quod LX annis in pace, jure possedit. Testes sunt, et judices : ego Stephanus, senescallus; Gaufredus, Andegavensis episcopus; Stephanus, Andegavensis decanus; Bartholomeus de Castro-Gunterii; Robertus de Sabolio; Mauricius de Credonio; Paganus de Vegia; Brientius de Varezia; Rainaldus de Vo, et multi abbates, et milites. Hujus rei veritatem, sigilli mei confirmatione roboravi.

Le sceau; en cire brune, porte *une aigle à deux têtes, au vol abaissé.*

(Biblioth. nationale, Cabinet des Manuscrits, *Cartulaire de Marmoutier*, t. II, fo 448.)

TRADUCTION.

Etienne de Marsay, sénéchal d'Anjou de Henri, roi d'Angleterre, à tous, etc., salut. Nous voulons vous faire savoir que le droit de pressoir pour les vignes de Bouère et des environs, de quelque fief que dépendent ces vignes, et à quelques personnes, chevaliers ou bourgeois, qu'elles appartiennent, est exclusivement réservé aux moines de Marmoutier domiciliés à Bouère. ... Néanmoins *Hamelin d'Anthenaise* a construit un pressoir à Bouère; aussi les moines, ne pouvant le tolérer, ont-ils porté plainte à Henri, roi d'Angleterre, qui m'a commandé de ne permettre qu'en aucune manière ils soient privés de leurs droits, mais d'obliger Hamelin d'Anthenaise à,.... etc..... Et les barons, consultés, ont décidé que l'église devait posséder perpétuellement ce dont elle avait déjà joui paisiblement pendant soixante ans. Les témoins et juges de cette sentence, sont : moi, Etienne, sénéchal; Geoffroi, évêque d'Angers; Barthélemi de Château-Gonthier; Robert de Sablé; Maurice de Craon; Payen de Vaige; Brient de Varèse; Renaud de Vou, et nombre d'abbés et de chevaliers. Je munis de mon sceau, pour confirmation de la vérité de cette sentence, la présente charte.

Geoffroi et Robert d'Anthenaise.

XXVII.

Die 18 maii 1189.

Ego, Johannes, filius Guillelmi, comitis Pontivi, notum fieri volo presentibus et futuris, quod Radulfus, filius Philippi de Cosmis, et soror ejus Aois, et Robertus de la Ramée, maritus ipsius Aois, in presentia mea laudaverunt et concesserunt ecclesie B^e-Me de Persenia, et ejusdem loci conventui, libere et absque terreno servitio, jure perpetuo possidendas omnes donationes et elemosinas agrorum, pratorum, decimarum, quas prefate ecclesie fecerat Philippus de Cosmis, pater ipsius Radulfi, et predicte Aois. Si quis autem distinctius scire voluerit que et quanta idem Philippus predicte ecclesie in elemosinam dedit, hac designatione scire poterit. Primo igitur dedit et concessit prefate ecclesie tres sexteratas terre juxta viam que ducit ad Roisse, inter grangiam de Montepopulano et Sanctum-Michaelem-de-Planicie; pro qua donatione accepit idem Philippus a fratribus Persenie XII sol. Cenom. et uxor ejus vaccam. Dedit preterea idem Philippus, prefate ecclesie, terram ad dimidium modium seminis, que est inter Stum-Michaelem et Uncinetas et grangiam de Montepopulano; et habuit de caritate monachorum Persenie XL sol. Cenom., et uxor ejus III sol., et duo filii ejus XII den. Idem postea Philippus ad religionem veniens, tam pro se, quam pro filio suo Radulfo, in abbatia educando, dedit prefate ecclesie terram de Cruce, et terram vallis molendini de Chahagneio, et suam partem vallis Avenarum, tam in terris quam in pratis, et quicquid omnino de feodo ejus erat citra ductum aque de Semelle, sive ex proprio sui ipsius patrimonio, sive ex matrimonio uxoris sue. Dedit etiam et concessit prefatis monachis de Persenia ultra ductum aque terram et pratum que sunt juxta aquam; et quicquid omnino de proprio suo jure et de feodo suo erat inter ductum aque et Plesseium de Cosmis; et similiter quicquid habebat inter burgum regis et predictum Plesseium de Cosmis; similiter et campum de Vallesendrum. Concessit etiam idem Philippus, prefatis monachis de Persenia, XXIII sol. super campum quem de eo tenebat Garnerius Rossel; quem campum postea Radulfus, filius Philippi, et filia ipsius Aois, et maritus ipsius Aois, Robertus de la Ramée, dederunt et concesserunt ex toto monachis de Persenia, pari consilio acceptis ab eisdem monachis XVI sol. Cenom. Item Girardus, clericus, filius Philippi de Cosmis, dedit et concessit ecclesie Be-Me de Persenia, medietatem prati Avenarum, concessu Philippi patris sui, et fratrum suorum, et sororis sue Aois. Sciendum preterea quod Matheus Turmel, maritus predicte Aois, consilio et assensu uxoris sue, et Radulfi, fratris uxoris sue, dedit et concessit sepedicte ecclesie de Persenia, terram de Genevreia et tres campos qui sunt prope haïam Gallinarum, et pratum quod est juxta pratum Willelmi de Cosmis, pro quo habuerunt XV sol. Cenom. Sciendum etiam quod idem Matheus Turmel, consilio et assensu uxoris sue Aois, et Radulfi, fratris ipsius Aois, dedit et concessit abbatie de Persenia, tuscham Radulfi, et juxta ipsam, terram ad quatuor sextarios seminis; et inde acceperunt de caritate predictorum monachorum IV libr. Cenom. Sciendum preterea quod Radulfus totam decimam suam de Uncinis, sicut pater ejus Philippus possederat eam, et eidem

Radulfo filio suo in elemosinam concesserat, dedit libere et concessit in presentia mea sepedicte ecclesie de Persenia in perpetuum, voluntate et assensu patris sui Philippi, et sororis sue Aois, et mariti ipsius, Aois Roberti de la Ramée, et filii ipsorum, Alani, et duarum filiarum suarum. Pro hac autem decima habuit idem Radulfus XLIII # et x sol. Cenom; et preter hoc monachi de Persenia ipsam decimam devadiaverunt a Bartholomeo de Sto-Remigio de c solidis Cenom. et a canonicis Sti-Juliani Cenomannis de LX solidis Cenom. Hec omnia que in presenti carta notata sunt, et omnia omnino quecumque monachi de Persenia eo anno quo hec carta facta et confirmata est de feodo Philippi de Cosmis, vel patrimonio ejus, vel matrimonio uxoris ejus possidebant, tam in terris quam in pratis, et ipsam decimam de Uncinis, concesserunt et confirmaverunt abbatie de Persenia in perpetuum libere possidenda, predictus Radulfus, et soror ejus Aois, et Robertus de la Ramée, maritus ipsius Aois, et filius eorum, Alanus, et due filie eorum. Ego autem paci et quieti fratrum in abbatia de Persenia Deo servientium in posterum providens, ut hec omnia inconcussa et inviolabili firmitate permaneant, sigilli mei auctoritate presentem cartam munio et confirmo. Testibus his : domino Willelmo, filio comitis; Juhello de Meduana, Richardo de Erabulis, Girardo de Besseria, Gaufrido de Milonio, militibus; Gervasio, capellano comitis; *Gaufrido de Autenosia;* Thoma Carnifice; Petro Bellonepote; Gaufrido Archerio; Petro Rocol; Hugone de Choornel; Willelmo Sicco; Gaufrido Bogis; Johanne Hai; Willelmo de Cortrembleio; Rogerio de Cortrembleio; *Roberto de Autenosia;* Willelmo Rufo; Adam, abbate presente; Willelmo, ejus cellarario, et pluribus aliis. Datum est hoc scriptum anno ab incarnatione Domini M° C° LXXX° VIIII°, apud Sanctum-Remigium, IIIIto idus maii. — Qui contradixerit, anathema sit a Deo. Amen.

A la suite, est écrit : « *scellé sur un las de cuir en cire blanche, rompu; paroist le reste d'un cavalier.* »

(Biblioth. nationale, Cabinet des Manuscrits, *Cartulaire de l'abbaye de Perseigne*, fos 165-167.)

TRADUCTION.

Moi, Jean, fils de Guillaume, comte de Ponthieu, veux faire savoir à tous, présents et à venir, que Raoul, fils de Philippe de Coesmes, et sa sœur Havis, ainsi que Robert de la Ramée, mari d'Havis, ont approuvé en ma présence, et confirmé, à l'église de Sainte-Marie de Perseigne et au couvent dudit lieu, la possession libre, perpétuelle et franche de services fonciers, de toutes les donations et aumônes en champs, prés et dîmes, faites à cette église par Philippe de Coesmes, père de Raoul et d'Havis. Si l'on désire connaître plus clairement la nature et l'étendue des aumônes de Philippe envers ladite église, on l'apprendra par la désignation ci-après : En premier lieu, donc, il a donné et concédé à cette dite église, trois sesterées de terre sises auprès du chemin qui mène à Rouessé, entre la grange de Montpollin et Saint-Michel-de-la-Plaine. Pour cette donation, Philippe a reçu des moines de Perseigne, 12 sous mansais, et, sa femme, une vache. Philippe de Coesme a donné également, à cette même église, la terre à un demi-muid de semence qui est située entre Saint-Michel, Ancinette et la grange de Montpollin. Il a touché des moines, en reconnaissance, 40 sous mansais, sa femme, 3 sous, et, ses deux fils, 12 deniers. Plus tard, ayant pris l'habit religieux, il a fait abandon à ladite église, tant pour lui que pour l'éducation de son fils Raoul en l'abbaye, des terres de la Croix et de la vallée du moulin de Chahannay, et de sa portion de la vallée des Avoines, consistant en champs et en prés, comme aussi de tout ce qui dépendait de son fief, en deçà du cours d'eau de Semelle, soit que lesdits biens provinssent de son patrimoine, soit qu'ils lui fussent venus du chef de sa femme. Au delà dudit ruisseau, il a cédé, aux moines de Perseigne, la terre et le pré sis au bord de l'eau, ainsi que tout ce qui lui appartenait en propre, et dépendait de son fief, entre le ruisseau et le Plessis de Couesmes, et, de plus, tout ce qu'il possédait entre Bourg-le-Roi et ledit Plessis de Couesmes; enfin le champ de Vausendron. Le même Philippe a disposé, envers l'abbaye de Perseigne, de 23 sous sur le champ que Garnier Roussel tenait de lui, puis ce champ a été ensuite abandonné, cédé en totalité aux moines dudit Perseigne, moyennant 16 sous mansais, par Raoul, fils de Philippe, sa fille Havis et le mari d'Havis, Robert de la Ramée. Le clerc Girard, fils de Philippe de Couesmes, a aussi donné et concédé à l'église de Sainte-Marie de Perseigne, avec le consentement de son père, de ses frères et de sa sœur Havis, la moitié du pré des Avoines. On doit savoir, en outre, que Mathieu Turmel, mari de ladite Havis, par le conseil et avec l'assentiment de sa femme et de Raoul, frère de sa femme, a concédé et octroyé à l'église de Perseigne, la terre de Genevraye, trois champs situés proche la haie des Poules, et le pré joignant le pré de Guillaume de Couesmes, le tout pour 15 sous mansais. On saura également que le même Mathieu Turmel, du conseil et de l'assentiment d'Havis, sa femme, et de Raoul, frère d'Havis, a légué à l'abbaye de Perseigne, la touche (1) de Raoul, et, près de cette touche, une terre de quatre setiers de semence; en raison desquelles choses, et par gratitude, les moines leur ont donné 4 livres mansaises. Enfin Raoul, en ma présence et du consentement de Philippe son père, de sa sœur Havis, de Robert de la Ramée, mari d'Havis, d'Alain leur fils, et de leurs deux filles, a pour toujours abandonné et délaissé à l'église de Perseigne, toute sa dîme d'Ancinnes, comme son père Philippe l'avait possédée et transmise, par donation, à lui Raoul son fils. Et Raoul reçut 43 livres et 10 sous mansais, pour cette dîme, qu'en outre les moines de Perseigne eurent à libérer, engagée qu'elle était au sieur Barthélemi, de Saint-Remi, pour 100 sous mansais, et aux chanoines de Saint-Julien du Mans pour 60 sous de la même monnaie. Toutes les donations mentionnées en la présente charte, celles que les moines possédaient, soit en terres, soit en prés, dépendant du fief de Philippe de Couesmes, ou de son patrimoine, ou de la dot de sa femme, l'année où cette charte a été confirmée, enfin la cession de la dîme d'Ancinnes, ont été approuvées et ratifiées en faveur de l'abbaye de Perseigne, pour qu'elle en jouisse librement et à perpétuité, par ledit Raoul, sa sœur Havis, Robert de la Ramée, mari d'Havis, Alain, leur fils, et leurs deux filles. Et moi, voulant pourvoir, pour l'avenir, à la paix et à la tranquillité des religieux qui servent Dieu dans l'abbaye de Perseigne, je confirme ladite charte et j'y joins l'autorité de mon sceau, afin que toutes les choses y contenues demeurent fermes, stables et inviolables. Témoins : le seigneur Guillaume, fils du comte; Juhel de Mayenne, Richard d'Erables, Girard de la Bessière, Geoffroi de Milon, chevaliers; Gervais, chapelain du comte; *Geoffroi d'Anthenaise;* Thomas le Boucher ; Pierre Beauneveu ; Geoffroi Larcher ; Pierre Rocol; Hugues de Choornel; Guillaume le Sec; Geoffroi Bogis; Jean Hay; Guillaume de Courtremblay; Roger de Courtremblay; *Robert d'Anthenaise;* Guillaume le Roux; Adam, présentement abbé; Guillaume, son cellerier, et plusieurs autres. Cet écrit a été donné l'an de l'incarnation du Seigneur 1189, à Saint-Remi, le 4 des ides de mai. — Que celui qui y contreviendra, soit maudit de Dieu. Amen.

---

(1) *Touche :* plant d'arbres, petit bois de haute futaie qui presque toujours avoisinait l'habitation principale d'un fief.

Pierre d'Anthenaise, doyen de Sablé.

XXVIII.

Anno 1191.

Universis sancte matris Ecclesie filiis, H....., Dei gratia Cenomannensis episcopus, salutem. Notum fieri curavimus quod cum monachis qui sunt de ordine Cisterciensi a Domino Papa generaliter sit indultum ne ipsi de terris suis quas propriis manibus vel sumptibus excolunt, decimas reddere teneantur, Marculfus tamen de Martigneio privilegium apostolicum quo monachi contra hoc se tuentur non attendens, a monachis Clarimontis qui sunt de ordine illo de terra Salicis-Raginaldi et de feodo Hamelini Orbi decimas requirebat. Tandem vero idem Marculfus ad presentiam nostram accedens, decimas illas quas prius requisierat et insuper decimas terre Remonis de Montmazuier et Johannis Fabri et Christiani Aupez, de terra scilicet que est de feodo monachorum, monasterio Clarimontis et fratribus in perpetuam elemosinam dedit et concessit liberas et immunes. Predicti vero monachi eidem Marculfo pro elemosina illa XL sol. Cen. et unum pullum, ex caritate domus dederunt, et fratres ejus defunctos qui in sententia excommunicationis inciderant, absolvi fecerunt. Hanc autem elemosinam idem Marculfus cum annulo meo in manu mea tradidit, concessit et dimisit. Et ego cum eodem annulo elemosinam illam, in manu Guillelmi de Buignon, cellararii ecclesie ejusdem domus abbatie Clarimontis, concessi. Hanc etiam donationem Galterius de Chauvaneria et Raginaldus de Lignou, et Garinus Havart, nepotes ejus, concesserunt. Nos quoque eamdem donationem ratam habentes, ut fidelius in perpetuum conservetur, eam litteris annotari et sigillo nostro fecimus communiri. Acta vero sunt hec anno incarnati Verbi M° C° XC° I°. Huic rei interfuerunt: Guillelmus, archidiaconus noster; et Guillelmus, archipresbiter noster; et *Petrus de Altonesia*, decanus de Sabolio; et Guillelmus Visconsus, Lavallensis decanus; et Hamelinus de Hatonallia; Johannes, presbiter de Martigneio;

Hugo Anquetin; Radulfus, Ebronensis prefectus; Gaufridus, prior Lavallensis; Gaufridus Valerius, Hamelinus de Cormeriis, milites de Templo; Hugo Allemer; Raginaldus Curtus; Hugo Curtus; Robertus d'Aroon, conversus Clarimontis; et Guillelmus de Buignon, cellararius ejusdem domus, et alii plures, qui hoc viderunt et audierunt.

(Biblioth. nationale, Cabinet des Manuscrits, *Cartulaire de l'abbaye de Fontaine-Daniel*, f°s 65-66.)

TRADUCTION.

A tous les fils de notre sainte mère l'Eglise, H..., par la grâce de Dieu évêque du Mans, salut. Nous faisons savoir que les moines de l'ordre de Citeaux ont obtenu, du Pape, le privilége de n'être généralement pas tenus de payer de dîmes à raison des terres, leur appartenant, qui sont cultivées soit par eux-mêmes, soit à leurs frais. Et cependant Marculfe de Martigné, sans égard pour le privilége apostolique qui les protége, exigeait des religieux du monastère de Clermont, qui appartient à cet ordre, les dîmes de la terre de Saulx-Renaud et du fief d'Hamelin le Veuf. Mais finalement, néanmoins, Marculfe, nous étant venu trouver, a concédé et abandonné en perpétuelle aumône, aux moines de Clermont, l'entière remise des dîmes qu'il exigeait auparavant, et, de plus, les dîmes qu'il percevait sur les terres de Raimond de Montmazuier, de Jean Fabre et de Christian Aupez, dépendantes du fief desdits religieux, qui, par reconnaissance de ce don, ont payé à Marculfe 40 sous mansais et un poulet, et fait absoudre ses défunts frères de la sentence d'excommunication qu'ils avaient encourue. Marculfe a livré, cédé et déposé en mes mains, cette donation, avec mon anneau. Et moi, plaçant ce même anneau dans la main de Guillaume de Buignon, cellerier de Clermont, j'ai investi de la donation ledit couvent. Gautier de la Chauvinière, Renaud de Lignou et Guérin Havart, ses neveux, l'ont également ratifiée, et nous la ratifions aussi; puis nous avons voulu, pour sa conservation future, qu'elle fût consignée dans les présentes lettres, et qu'on les munît de notre sceau. Fait l'an de l'incarnation du Verbe 1191, en présence de : Guillaume, notre archidiacre; Guillaume, notre archiprêtre; *Pierre d'Anthenaise, doyen de Sablé;* Guillaume Viscons, doyen de Laval; Hamelin de Hatonallia; Jean, prêtre de Martigné; Hugues Anquetin; Raoul, prévôt d'Evron; Geoffroi, prieur de Laval; Geoffroi Valerius, Hamelin de Cormières, chevaliers du Temple; Hugues Allemer; Renaud le Court;

Hugues le Court; Robert d'Aron, frère convers de Clermont; Guillaume de Buignon, cellerier du même couvent, et plusieurs autres qui ont vu et entendu ce qui précède.

Savari d'Anthenaise et Foulquerand, son frère.

XXIX.

Anno 1197 vel 1198 ante Pascha.

Ego, *Savaricus de Altanosia,* notum facio quod, cum *Fulcorandus*, *frater meus,* ecclesie Beati-Juliani quinque solidos annuatim legavisset, ego donum ejus ratum habens, eos in censibus meis de Basogeriis assignavi,..... anno gratie 1197, audientibus, Guillelmo de Marceio, magistro Philippo de Balon, et plures alii.

(Biblioth. nationale, Cabinet des Manuscrits, *Cartulaire du Chapitre de l'Église du Mans*, fo 22.)

TRADUCTION.

Moi, *Savari d'Anthenaise,* fais savoir que *mon frère Foulquerand* ayant légué 5 sous de revenu annuel à l'église de Saint-Julien, j'ai ratifié ce don et assigné ladite somme sur mes cens de Bazougers,... l'an de grâce 1197, devant Guillaume de Marcé, maître Philippe de Balon, et plusieurs autres.

Savari d'Anthenaise.

XXX.

Circa 1200.

Universis presentem paginam inspecturis, *Savaricus de Antenosia,* salutem. Noverit universitas vestra quod Mathea, soror Hamelini de Chaurciis, dedit in liberam, puram et perpetuam elemosinam, Deo et Beate-Marie de Campania, et monachis ibidem Deo servientibus, totam terram et prata de Concrez, que per emptionem acquisierat. Hanc autem donationem presenti scripto expressam libentissime concessi. Et ut in perpetuum plenam in omnibus obtineat firmitatem, ipsam sigilli mei munimine confirmavi.

Au bas, est écrit : « *Sans date; au commencement de* 1200. »

(Biblioth. nationale, Cabinet des Manuscrits, *Cartulaire de l'abbaye de Champagne*, f° 47.)

TRADUCTION.

A tous ceux qui verront la présente charte, *Savari d'Anthenaise*, salut. Sachez tous que Mathée, sœur d'Hamelin de Chaources, a donné en libre, pure et perpétuelle aumône, à Dieu, à Notre-Dame de Champagne et aux moines qui y servent le Très-Haut, toute la terre et les prés de Concrez, dont elle avait fait l'acquisition. J'ai consenti très-volontiers à la donation exprimée dans le présent écrit, et pour qu'elle reçoive à jamais pleine force à l'égard de tous, je l'ai munie de mon sceau.

Pierre d'Anthenaise, doyen de Sablé.

XXXI.

Anno 1203.

Sciant, tam presentes quam futuri, quod cum Garinus de S^{to}-Bertevino, in obitu suo dedisset monachis Clarimontis LX solidos de redditu suo, pro salute anime sue, et Emme, uxoris sue, et filii sui Huberti, ad victum unius monachi, dictus Hubertus, ejusdem Garini filius, talem postratum monachis compositionem fecit, quod ei illos LX sol. pro XL sol. quitaverunt. Hunc ergo redditum dictus Hubertus, assensu avunculorum suorum Odonis et Mabonis, monachis dedit in hunc modum, etc., etc., anno 1203. Testibus : domino Guidone de Laval; domina Ysabel de Meduana; *Petro de Altinosia, decano Sabolii;* Roberto de Bree, et Emma, uxore ejus;

Johanne de Mongenart et Evesq., fratre ejus; Rad. de Chambrel; Gaufrido, abbate Clarimontis; fratre Willelmo de Bugnon; fratre Laurentio, et pluribus aliis. Quod ut firmius teneatur, ego Hubertus de Sancto-Bertevino, filius Garini, sigillo meo confirmari feci.

(Biblioth. nationale, Cabinet des Manuscrits, *Cartulaire de l'abbaye de Fontaine-Daniel*, fo 50.)

TRADUCTION.

Sachent tous, présents et à venir, que Guérin de Saint-Berthevin ayant donné en mourant, aux moines de Clermont, une rente de 60 sous pour le salut de son âme, de celles d'Emme, son épouse, et d'Hubert, son fils, rente affectée à la nourriture d'un moine, Hubert, fils de Guérin, a transigé plus tard avec ces moines, qui ont réduit, en sa faveur, à 40 sous les 60 sous d'abord légués. En conséquence, Hubert, avec l'assentiment d'Eudes et Mabon, ses oncles, a donné cette rente de la manière suivante, etc., etc., l'an 1203. Les témoins furent : Gui, sire de Laval; dame Isabelle de Mayenne; *Pierre d'Anthenaise, doyen de Sablé;* Robert de Brée, et Emme, sa femme; Jean de Mongenart, et Evesq..., son frère; Raoul de Chambrel; Geoffroi, abbé de Clermont; frère Guillaume de Bugnon; frère Laurent, et plusieurs autres. Et pour que cette charte soit encore mieux observée, moi, Hubert de Saint-Berthevin, j'y ai fait apposer mon sceau.

Savari d'Anthenaise, seigneur de Bouère.

XXXII.

Circa 1210.

Savaricus de Altinosia, dominus Boerie, universis, etc., salutem. Noveritis quod cum haberem xv solidos Andegavensis monete de tallis super homines medietarios prioris Boerie, de ipsis xx solidis dedi priori et monachis apud Boeriam xv annuatim habendos in eleemosynam, et super largitione xv solidorum, presentes litteras feci sigilli mei munimine roboravi.

A la suite est écrit : « *Scellé en c. br.* [cire brune] *sur lacs de parchemin, une aigle à l'ordinaire;* » c'est-à-dire, *une aigle à deux têtes,* comme aux chartes des f°s 446 et 448 du même Cartulaire, reproduites plus haut, page 102, et, ci-après, page 121.

(Biblioth. nationale, Cabinet des Manuscrits, *Cartulaire de Marmoutier*, t. II, f° 449.)

TRADUCTION.

Savari d'Anthenaise, seigneur de Bouère, à tous, etc., salut. Sachez que j'ai donné en aumône, au prieur et aux moines de Bouère, 15 sous angevins à prendre annuellement sur les 20 sous de taille qui me sont dus par les métayers du prieuré de Bouère; et j'ai fait dresser, en conséquence de la donation de ces 15 sous, les présentes lettres, et les ai munies de mon sceau.

Pierre d'Anthenaise, doyen de Sablé.

XXXIII.

Anno 1212, mense maio.

Noverint,... etc.,... quod Herbertus de Veisins, pro salute anime sue, assensu Juliane, matris ejus, et Gaufridi Babel, Juliane maritus, dedit Beate-Marie Fontis-Danielis, in perpetuam eleemosynam, medietariam suam de Saudreia cum quodam homine qui singulis annis debebat iv solidos Cenomannenses censuales. Monachi de caritate lx solidos Cenomannenses contulerunt. Ego *P. de Altonosia, decanus Saboliï*, ad petitionem eorum sigilli mei testimonio confirmavi,....... anno 1212, mense maio.

(Biblioth. nationale, Cabinet des Manuscrits, *Cartulaire de Fontaine-Daniel*, f° 37.)

TRADUCTION.

Sachent,..... etc.,..... que Herbert de Vezins, pour le salut de son âme et du consentement de Julienne, sa mère, et de Geoffroi Babel, mari de Julienne, a donné en perpétuelle aumône, à Sainte-Marie de Fontaine-Daniel, sa métairie de la Saudraye, avec un homme qui devait un cens annuel de 4 sous mansais. Par reconnaissance, les moines lui ont versé 60 sous mansais. Et moi, *Pierre d'Anthenaise, doyen de Sablé,* j'ai confirmé cette charte, à leur prière, par l'apposition de mon sceau,........ l'an 1212, au mois de mai.

Savari d'Anthenaise, chevalier, seigneur de Chaourches.

XXXIV.

Anno 1214.

Universis,..... etc.,.... *Savaricus de Altenosia, miles, dominus Calduciarum*, salutem. Notum sit quod cum inter monachos Campanie et Hamelinum Gombaut contentio verteretur super prato quod possidebant de dono Richardi Liger, quod ipse tenuit a Berengerio Gombaut, predicti Hamelini, fratre primogenito, sopita est,..... anno 1214.

(Biblioth. nationale, Cabinet des Manuscrits, *Cartulaire de l'abbaye de Champagne*, f° 51.)

TRADUCTION.

A tous,...... etc.,...... *Savari d'Anthenaise, chevalier, seigneur de Chaourches*, salut. Sachez que la discussion qui s'agitait entre les moines de Champagne et Hamelin Gombaut, pour le pré que possédaient ces religieux — par suite du don que leur en avait fait Richard Léger, qui lui-même le tenait de Bérenger Gombaut, frère aîné dudit Hamelin — a été terminée,..... l'an 1214.

Savari d'Anthenaise, chevalier, seigneur de Chaourches.

XXXV.

Anno 1214.

Universis,... etc.,... *Savericus de Autenoisia, miles, dominus Cadulciarum*, salutem. Cum Ricardus Leger dedisset monachis Campanie in elemosinam, herbergamentum et clausum quod ei adjacet, que vendidit ei Guillotus Potart pro x ℔; cum jam pacifice possedissent per plures annos, fratres et filii dicti Guilloti elemosinam istam, in curia mea contenderent, tandem dicti monachi pro bono pacis dederunt eis xxv solidos. Et concesserunt omnes filii et filie, et fratres et soror, et alii consanguinei dicti Guilloti.......... Et ego ad preces eorum concessi, salvo jure meo,..... sigilli mei,..... anno gratie 1214.

Scellé en cire verte. Le sceau représente *une aigle à deux têtes, au vol abaissé*. En légende, on lit : « SAVARI. D... ENEZIA. »

(Biblioth. nationale, Cabinet des Manuscrits, *Cartulaire de l'abbaye de Champagne*, fos 51 et 52.)

TRADUCTION.

A tous,..... etc.,..... *Savari d'Anthenaise, chevalier, seigneur de Chaourches*, salut. Richard Léger avait donné en aumône, aux religieux de Champagne, l'hébergement, et le clos y touchant, à lui vendus 10 livres par Guillot Potart. Après plusieurs années de possession paisible par ces derniers, les frères et les enfants de Guillot leur contestèrent cette donation devant ma cour. Or, pour l'amour de la paix, les moines leur ayant compté 25 sous, tous les fils, les filles, les frères et la sœur dudit Guillot, et ses autres parents, ont ratifié l'aliénation qu'il avait faite. Et moi, sur leur prière, j'ai également approuvé l'acte, sous la réserve de mes droits,.... puis scellé de mon sceau,... l'an de grâce 1214.

Savari d'Anthenaise.

XXXVI.

Anno 1215.

Ego, *Savaricus de Altanoisia,* notum facio quod, cum contentionem misissem in terra quam monachi Fontis-Danielis, tam emptione quam eleemosyna acquisierant a Silvestro de Ruperrous, in feodo meo de Montortier, tandem pro salute anime mee concessi eis eándem terram tenendam de me et meis heredibus, salvis redevantiis meis. Sigilli mei,... etc., ... anno 1215.

Cire verte. Sceau : *une aigle à deux têtes, au vol abaissé.*

(Biblioth. nationale, Cabinet des Manuscrits, *Cartulaire de Fontaine-Daniel*, fo 47.)

TRADUCTION.

Moi, *Savari d'Anthenaise,* fais savoir que j'avais élevé des contestations sur une terre venue aux religieux de Fontaine-Daniel, dans mon fief de Montortier, tant par achat qu'à titre d'aumône, de Silvestre de Rouperoux; mais, pour le salut de mon âme, je leur ai concédé cette terre, à l'exception des redevances que j'y perçois, afin qu'ils la tiennent en fief de moi, et de mes héritiers. J'ai fait apposer mon sceau,.... etc.,.... l'an 1215.

Savari d'Anthenaise et sa femme Sibille, fille de H.[amelin] de Chaourches.

XXXVII.

Circa 1215.

Omnibus,... etc.,... *Savericus de Altanosia*, salutem. Sciatis me, ad petitionem *Sibille, uxoris mee,* filie domini H. de Cadurciis, concedente Ofrasia, sorore supradicte Sibille, et ad petitionem Guillelmi le Borne, qui habebat medietariam de Asneriis cum omnibus pertinentiis suis de maritagio matris sue, concedente R. de Sancto-Selerino, dedisse et concessisse in perpetuam elemosinam ipsam medietariam cum pertinentiis....... Hec dedi pro salute anime mee, et patris et matris mee, et omnium amicorum nostrorum, tam vivorum quam defunctorum. De caritate vero abbatie habui ego Savaricus x# Cenomannenses, et uxor mea Sibilla, xxv solidos Cenomannenses, et dominus G. le Borne, xl sol. Cen., et R. de Sancto-Celerino, viii # Cen. Preterea, concessi omnia prata mea de Segreia, et iiij sexterias frumenti, in medietariis meis de Riveria, et calfagium ad opus abbatie in nemoribus Ribole, sicut dominus H. de Cadurciis, et uxor ejus Beatrix, et filius ejus Willelmus, dederant et concesserant....... Sigillo meo...... Testibus his : Willelmo, capellano de Cadurciis; W. Tolomero; H. de Gaigneio; G. Tolomero; H., priore; R. Bolot; R. de Valeis; Johanne de Gaigneio; Odone Sagitta; Johanne de Negeo [*aut* de Vegeo?].

Scel perdu.

(Biblioth. nationale, Cabinet des Manuscrits, *Cartulaire de l'abbaye de Champagne*, fo 51.)

TRADUCTION.

A tous,... etc.,..... *Savari d'Anthenaise*, salut. Sachez qu'à la demande de Sibille, ma femme, fille de H.[amelin] de Chaourches; du consentement d'Ofrasie, sœur de Sibille; à la prière de Guillaume le Borne, qui possédait la métairie d'Asnières avec toutes ses dépendances, laquelle provenait de la dot de sa mère; enfin du consentement de R. de Saint-Célerin, j'ai donné et concédé ladite métairie et ses appartenances..... J'ai fait cette donation pour le salut de mon âme, de celles de mon père, de ma mère et de tous nos amis, tant vivants que morts. En reconnaissance de ce don, l'abbaye m'a versé 10 livres mansaises, puis à ma femme Sibille, 25 sous mansais, à Guillaume le Borne, chevalier, 40 sous mansais, et à R. de Saint-Célerin, 8 livres mansaises. De plus, j'ai abandonné tous mes prés de Segrie, 4 setiers de froment sur mes métairies de la Rivière, et le droit de chauffage, pour les besoins de l'abbaye, dans les bois de Riboul, conformément aux donations qu'en avaient faites noble H.[amelin] de Chaourches, sa femme Béatrix et son fils Guillaume....... Scellé de mon sceau,.... etc.,..... Témoins : Guillaume, chapelain de Chaourches; Guillaume Tholemer; H. de Gaigné; G. Tholemer; H., prieur; R. Bolot; R. des Vallées; Jean de Gaigné; Eudes Sayette; Jean de Negeo [*ou* de Vaiges?].

Savari d'Anthenaise et Sibille, sa femme.

XXXVIII.

Circa 1215.

Noverint universi,.... etc.,.... quod ego, *Savaricus de Altonoisia,* voluntate et consensu *Sibille, uxoris mee,* concessi monachis Beate-Marie de Campania in eschambiis, pro nemore Sexile quod prefati monachi a me, tam ex dono quam ex emptione habuerant, grangiam de Asneriis ab omni jure seculari, pasnagium in brolio de Cadurcis, etc........ Sigilli mei.... Testes : Herbertus de Tusseio; Hugo de Guengneio; Gaufridus Tholemer; Hugo de Argentocm, et plures alii.

Scel perdu.

(Biblioth. nationale, Cabinet des Manuscrits, *Cartulaire de l'abbaye de Champagne,* f° 51.)

TRADUCTION.

Sachent tous,..... etc.,..... que moi, *Savari d'Anthenaise,* de la volonté et du consentement de Sibille, ma femme, j'ai concédé aux moines de Sainte-Marie de Champagne, en échange du bois *Sexile,* la grange d'Asnières franche de tout droit séculier, le glandage dans la forêt de Chaourches,.... etc...... J'ai fait apposer mon sceau... Témoins : Herbert de Tussé; Hugues de Guengneio; Geoffroi Tholemer; Hugues d'Argenton, et plusieurs autres.

Robert d'Anthenaise, doyen de Sablé.

XXXIX.

Anno 1217.

Magister *Robertus de Altanoïsa*, *decanus Sabolii*,..... etc.... Robertus de Rungeria v solidos Turonenses in decima de Lugneio, abbati Fontis-Danielis in perpetuam eleemosynam contulisset, uxor et heredes ejusdem Roberti dictos v solidos assensu monachorum retinuerunt, et eis ii solidos Cenomannenses in censibus suis de Tuschis in excambium assignarunt,..... anno 1217.

(Biblioth. nationale, Cabinet des Manuscrits, *Cartulaire de Fontaine-Daniel*, f° 37.)

TRADUCTION.

Maître *Robert d'Anthenaise, doyen de Sablé*,..... etc...... Robert de la Rongère avait donné en perpétuelle aumône, à l'abbaye de Fontaine-Daniel, 5 sous tournois sur la dîme de Luigné; sa femme et ses fils ont retenu ces 5 sous, de l'assentiment des moines, mais en leur assignant, en échange, 2 sous mansais sur leurs cens des Touches,... l'an 1217.

Savari d'Anthenaise.

XL.

Anno 1217, mense septembri.

Fratres Capituli Majoris-Monasterii, et frater Hugo, Dei gratia eorum humilis minister, omnibus,.... etc.,.... salutem,.... etc......... Domus nostra de Boeriâ tali gauderet privilegio ab illustri rege Anglorum Henrico, bone memorie impetrato, quod nulli omnino hominum nisi solis nobis et eis quibus concesserimus liceat intra fines Boerie edificare vel habere pressorium; vir quidam nobilis Simon de Sancto-Dionisio, miles, quoddam ibi contra jus nostrum edificavit pressorium. Nos, in curia domini Willelmi de Rupibus, tunc temporis Andegavie senescalli, traximus eum in causam. Pressorium destruendum judicavit, et destruxit. Idem vero S., post accessit ad nos supplicando quatinus pressorium destructum reedificari sineremus tali conditione quod ipse daret nobis in eschambium terram suam de Boxeria, sitam juxta terram nostram de Chapuiseria. Quo sicut petierat a nobis concesso, ipse assensu domini *Savarici de Altonosia*, de cujus feodo sunt, ea que prenotavimus, annuentibus etiam Dionisia, uxore sua, Philippo, milite, Simone et Fulcone, filiis suis, dictam terram de Boxeria, census, tallias dedit nobis et quitavit. Presentes litteras ex nostro consensu et suo (quia Simon proprium sigillum non habebat), et sigillis domini Willelmi de Rupibus, et domini Savarici de Altanosia fecimus communiri. Actum anno 1217, mense septembri.

(Biblioth. nationale, Cabinet des Manuscrits, *Cartulaire de Marmoutier*, t. II, f°s 447 et 448.)

TRADUCTION.

Les religieux du Chapitre de Marmoutier, et frère Hugues, par la grâce de Dieu leur humble ministre, à tous,.... etc.,... salut,.... etc.... Notre maison de Bouère jouissait de ce privilége, qu'elle avait obtenu de l'illustre roi d'Angleterre Henri, de bonne mémoire, à savoir qu'il ne fût permis qu'à nous seuls, à l'exclusion de tous autres, et à ceux que nous autoriserions, de construire ou de posséder un pressoir à Bouère, quand noble homme Simon de Saint-Denis, chevalier, s'avisa, néanmoins, d'en établir un en ce lieu, au mépris de nos droits. Mais nous le citâmes devant la cour de Guillaume des Roches, alors sénéchal d'Anjou, qui jugea que ce pressoir devait être détruit : ce qui fut exécuté. Plus tard, le même Simon vint nous trouver et nous supplia de lui permettre de reconstruire le pressoir détruit, sous la condition qu'il nous donnerait, en échange, sa terre de la Boissière, sise près notre lieu de la Chapuisière. Ayant agréé sa demande, il nous a cédé, et délaissé, ladite terre de la Boissière, ses cens et ses tailles, du consentement de *Savari d'Anthenaise*, du fief duquel elle dépendait, et sur l'assentiment de Denise, femme de Simon de Saint-Denis, puis aussi de Philippe, chevalier, de Simon et de Foulques, ses fils. Et, Simon n'ayant pas de sceau, nous avons, d'un commun accord, muni les présentes lettres des sceaux du seigneur Guillaume des Roches et du seigneur Savari d'Anthenaise. Fait l'an 1217, au mois de septembre.

Savari d'Anthenaise et Hamelin, son fils.

XLI.

Anno 1218, die 10 martii.

Universis Christi fidelibus presentem paginam inspecturis, *Savaricus de Autenesia*, salutem in Domino. Quoniam ea que bene gesta sunt, succedentibus sibi temporum curriculis, quandoque oblivioni traduntur, et oblivione novercante nonnunquam in pejorem statum reformantur, eapropter ad noticiam vestram facio pervenire quod super quibusdam procurationibus quas in domo monachorum de Boeria petebam, inter me, ex una parte, et Hugonem venerabilem abbatem et conventum Majoris-Monasterii contentio verteretur, ex alia; tandem ego S., ad cor revertens, ob remedium peccatorum meorum et salutem anime mee, et antecessorum et successorum meorum, dedi et concessi, et omnino in perpetuum quittavi, Deo et B°-Martino, et dictis abbati, et conventui Majoris-Monasterii, quicquid in dictis procurationibus reclamabam. Preterea ego S., eisdem in perpetuum quitavi unam justam vini et panem unum, que in dicta domo de Boeria singulis diebus percipiebam. Et hoc totum factum est apud Sabolium publice, presentibus multis, de consensu et voluntate *filii et heredis mei Hamelini*. Et ut hoc firmum et stabile permaneat in posterum, presentem cartam sigilli mei munimine roboravi. Actum anno gratie 1218, IV° nonas martii.

Au bas est écrit : « *Scellé en c. v.* [cire verte] *sur lacs de soye meslée de blanc et de rouge. Au sceau et au contre-sceau : une aigle à deux testes.* »

(Biblioth. nationale, Cabinet des Manuscrits, *Cartulaire de Marmoutier*, t. II, f° 446.)

TRADUCTION.

A tous les fidèles serviteurs du Christ qui verront la présente charte, *Savari d'Anthenaise,* salut dans le Seigneur. Comme les bonnes actions, par le cours successif du temps, sont parfois livrées à l'oubli, qui, sévissant contre elles, et les dénaturant, les transforme souvent en mal, je fais alors parvenir à votre connaissance, qu'une contestation s'agitait entre moi, d'une part, puis le vénérable abbé Hugues et le couvent de Marmoutier, de l'autre, sur certains droits de procuration (1) que je réclamais dans la maison des moines de Bouère. Mais finalement, revenant à des sentiments plus généreux, et pour obtenir aussi le pardon de mes péchés, le salut de mon âme et des âmes de mes prédécesseurs et successeurs, j'ai, moi Savari, octroyé, concédé, entièrement abandonné à Dieu, à Saint-Martin et aux dits abbé et couvent de Marmoutier, tous les droits de procuration que je revendiquais. De plus, je leur ai délaissé, à perpétuité, une juste (2) de vin et un pain que je percevais journellement dans le couvent de Bouère. Cette charte a été publiquement souscrite, à Sablé, devant un grand nombre de personnes, du consentement et avec la ratification d'*Hamelin, mon fils, mon héritier ;* et je l'ai munie de mon sceau, afin qu'elle eût, dans l'avenir, plus de force, plus de stabilité. Fait l'an de grâce 1218, le 4 des nones de mars.

Savari d'Anthenaise.

XLII. DE DONATIONE QUAM GALTERIUS DE CLAROMONTE FECIT DE MEDIETATE OSCHE DE DOUVRE.

Circa 1220.

Omnibus,..... etc.,..... *Savaricus de Autonoisia,* salutem. Sciant, tam presentes quam futuri, quod Galterius de Claromonte dedit et concessit, solo divine pietatis intuitu et pro

---

(1) Droits de *procuration,* c'est-à-dire de réception, de gîte, d'hospitalité.

(2) La *juste* équivalait à peu près à une pinte, mesure de Paris, ou, mieux, à 0,931 centilitres.

salute anime sue et antecessorum suorum, ecclesie beatorum martirum Vincentii et Laurentii, et monachis ibidem Deo servientibus, medietatem osche de Oure, site in parrochia de Segrie, tali conditione quod dicti monachi reddent michi v solidos Andegavenses ad festum Omnium Sanctorum censuales. Ego autem Savaricus hoc benigniter concedo, et ut hec donatio debitam obtineat firmitatem, idipsum facio sigilli mei titulo confirmari.

(Biblioth. nationale, Cabinet des Manuscrits, *Cartulaire de Saint-Vincent du Mans*, t. I, fo 382, et t. II, fo 94.)

TRADUCTION.

DONATION, PAR GAULTIER DE CLERMONT, DE LA MOITIÉ DE L'OUCHE (1) DE DOUVRE.

A tous ceux,... etc.,.... *Savari d'Anthenaise*, salut. Sachent tous, présents et à venir, que Gaultier de Clermont, par un sentiment exclusif de piété envers le Seigneur, puis pour le salut de son âme et de celle de ses prédécesseurs, a donné et concédé à l'église des bienheureux martyrs Vincent et Laurent, ainsi qu'aux moines y servant Dieu, la moitié de l'ouche de Douvre, sise dans la paroisse de Segrie, mais sous la condition que lesdits moines me paieront un cens de 5 sous angevins à la fête de la Toussaint. Et moi, Savari, qui ratifie bien volontiers cette donation, j'appose ici mon sceau, pour donner à la présente charte toute la foi qui lui est due.

Savari d'Anthenaise.

XLIII.

Circa 1220.

Quoniam breves dies sunt hominis, et memoria hominum licet vivencium cito transit et labitur, ego, *Savaricus*

---

(1) *Ouche :* le plus communément, terre labourable entourée de haies ou de fossés; mais quelquefois, aussi, enclos joignant une maison et planté d'arbres fruitiers.

de Altanoesia, presentium et posterorum memorie scriptum relinquere dignum duxi, quod ego dedi et concessi monachis Beate-Marie de Buxeria, pro salute anime mee, uxoris mee, patris mei et matris mee, et omnium antecessorum meorum, decem solidos Turonensium annuatim reddendos in vigilia Natalis Domini, quos in molendino meo fullatorio qui est ad Noient-super-Sartam, capiendos assignavi. Factum fuit hoc donum, in ipso Capitulo predictorum monachorum, eo die quo sepulta est ibi defuncta Lucia, uxor domini Fulconis de Daon, cujus Lucie animam hujus elemosine participem et consortem esse concedo, quia pietatis est officium pro mortuis exorare et mortuorum reminisci. Hoc viderunt et audierunt : Dominus G. de Rupibus, senescallus Andegavis, et dominus vicecomes de Ludo, et dominus Fulco de Daon, et plures alii.

Au bas est écrit : « *Il y a eu un sceau pendant en lemnisques.* »

En marge est écrit : « *Archives de l'abbaye de la Boessière. — 13e siècle.* »

(Biblioth. nationale, Cabinet des manuscrits, *Recueil de dom Housseau*, t. VI, nº 2130.)

TRADUCTION.

Vu la courte durée des jours de l'homme, la promptitude avec laquelle passe et s'évanouit la mémoire des vivants, j'ai jugé convenable, moi, *Savari d'Anthenaise*, de transmettre par écrit, au souvenir de mes contemporains comme à celui de leurs successeurs, que j'ai donné et concédé aux moines de Sainte-Marie de la Boissière, pour le salut de mon âme, de celle de ma femme, de mon père, de ma mère et de tous mes ancêtres, 10 sous tournois à toucher annuellement, la veille de Noël, sur mon moulin à foulon sis à Noyen-sur-Sarthe. Ce don a été fait dans le Chapitre du couvent, le jour même où l'on y enterrait la femme du seigneur Foulques de Daon, Lucie, pour l'âme de laquelle j'accorde le bénéfice de la participation à cette aumône, la religion commandant de ne point oublier les morts, et de prier pour eux. Furent témoins de cette charte : le seigneur Guillaume des Roches, sénéchal d'Anjou, le seigneur vicomte du Lude, le seigneur Foulques de Daon, et plusieurs autres.

Savari d'Anthenaise et sa femme, non dénommée.

XLIV.

Anno 1222.

Ego, *Savaricus de Autenesia*, dominus de Bazogers, notum facio universis presentes litteras inspecturis, quod ego, pro bono anime mee et uxoris mee, et antecessorum et successorum meorum, dedi et concessi in puram ac perpetuam elemosinam, monialibus Beate-Marie de Bono-Loco, Cisterciensis ordinis, ibidem deservientibus, viginti solidos Turonenses accipiendos super census meos de Plesseia annuatim, in festo apostolorum Symonis et Jude, tali condicione quod censionarii reddent dictos denarios ad manum dictarum monialium annuatim; et si dicti denarii non reddentur ad dictum terminum, ego teneor facere reddi emendam de transgressu, si eam accipere dicte voluerint moniales. Et ut illud ratum esset et stabile, presentes litteras sigilli mei munimine roboravi. Datum apud Casterum-Lidi, anno Domini millesimo ducentesimo vigesimo secundo.

Au bas est écrit : « *Il y a eu un sceau pendant en lemnisques.* »
En marge est écrit : « *Archives de l'abbaye de Bonlieu.* »

(Biblioth. nationale, Cabinet des Manuscrits, *Recueil de dom Housseau*, t. VI, n° 2533.)

TRADUCTION.

Moi, *Savari d'Anthenaise*, seigneur de Bazougers, fais savoir à tous ceux qui verront les présentes lettres, que, pour le bien de mon âme, de celle de mon épouse et de mes prédécesseurs et successeurs, j'ai donné, j'ai concédé en pure, en perpétuelle aumône, aux religieuses de Sainte-Marie de Bonlieu, de l'ordre de Cîteaux, demeurant audit Bonlieu, 20 sous tournois à percevoir annuellement, à la fête des apôtres Simon et Jude, sur mes cens de la Plesse; mais à condition que les censitaires remettront directement, tous les ans, cette somme aux religieuses, et que si, au terme mentionné plus haut, elle ne leur avait pas été versée, je serais, alors, tenu de faire donner à ces religieuses, pour le cas où elles voudraient l'accepter, une amende en raison de cette infraction. Et pour que la chose soit ferme et stable, j'ai muni de mon sceau, les présentes lettres. Donné à Château-du-Loir, l'an du Seigneur mil deux cent vingt-deux.

Savari d'Anthenaise.

XLV. DE DECIMA MOLENDINORUM DE NOIEM.

Anno 1226, mense decembri.

Salvaricus de Altenoisia, omnibus presentes litteras inspecturis, salutem in Domino. Noverint universi, quod ego dedi et concessi, monachis Sancti-Vincentii Cenomannensis, decimam molendinorum meorum et furnorum de Noiem, in elemosina, perpetua possidendam. Et ut hoc donum libere et quiete teneatur, sigilli mei munimine roboravi, anno 1226, mense decembri.

(Biblioth. nationale, Cabinet des Manuscrits, *Cartulaire de Saint-Vincent du Mans*, t. I, f° 396, et t. II, f° 71.)

TRADUCTION.

DÎME DES MOULINS DE NOYEN.

Savari d'Anthenaise, à tous ceux qui verront les présentes lettres, salut dans le Seigneur. Sachent, tous, que j'ai donné et concédé aux moines de Saint-Vincent du Mans, pour être possédée par eux en perpétuelle aumône, la dîme de mes moulins et de mes fours de Noyen. Et afin qu'ils en jouissent librement et paisiblement, j'ai muni cette charte de mon sceau, l'an 1226, au mois de décembre.

Savari d'Anthenaise.

XLVI.

Anno 1227, mense maii.

Universis Christi fidelibus, ego, *Savaricus de Altanosia*,.... pro Dei amore et salute anime mee et antecessorum meorum, Beato-Martino Majoris-Monasterii et monachis suis de Balae, Deo ibi servientibus, dedi in perpetuam elemosinam furnagium omnium hominum meorum de Balae. Itaque omnes homines mei ad furnum dictorum monachorum, ad costumas furni legitimas quas solvunt homines monachorum de cetero, in perpetuum quoquere tenebuntur..... Sigilli mei munimine,.... anno gratie 1227, mense maii.

Au bas est écrit : « *Sellé en c. v.* [cire verte] *sur lacs de parchemin;* » puis se voit le dessin du sceau et du contre-sceau de Savari, représentant *une aigle à deux têtes, au vol abaissé,* avec cette légende : « *S. Savarici de Altenesia.* » A la suite du dessin, on lit : « *Dans un autre tiltre tout pareil, de la mesme date, il est dit Salvaricus de Anteneisia.* »

(Biblioth. nationale, Cabinet des Manuscrits, *Cartulaire de Marmoutier*, t. I, p. 173.)

TRADUCTION.

A tous les fidèles serviteurs du Christ, moi, *Savari d'Anthenaise*,.... pour l'amour de Dieu et le salut de mon âme, et de celles de mes prédécesseurs, j'ai donné en perpétuelle aumône, à Saint-Martin de Marmoutier et à ses moines de Ballée qui servent Dieu en ce lieu, le fournage de tous mes hommes de Ballée. C'est pourquoi tous ces derniers seront, à perpétuité, tenus de cuire au four desdits moines, en payant les droits de fournage accoutumés, comme le font, d'ailleurs, les hommes mêmes des moines..... J'ai muni de mon sceau,... l'an de grâce 1227, au mois de mai.

Savari d'Anthenaise.

XLVII.

Anno 1229.

Universis,.... *Savaricus de Altanosia,* salutem. Noveritis quod dedi in perpetuam eleemosynam, monachis de Boeria, haïam que accingit guarennam, a foramine Barboti usque ad boscum Roberti, sicut rivus dividit. Datum anno Domini 1229, istis presentibus : Roberto de Altisripis, militi, Robino Breer, Husore, laïcis. Cartulam istam sigilli mei munimine roboravi. Valete.

(Biblioth. nationale, Cabinet des Manuscrits, *Cartulaire de Marmoutier*, t. II, f° 448.)

TRADUCTION.

A tous,........ *Savari d'Anthenaise*, salut. Sachez que j'ai donné en perpétuelle aumône, aux moines de Bouère, la haie qui entoure la garenne, à partir du puits de Barbot jusqu'au bois de Robert, au point où le ruisseau la divise. Fait l'an du Seigneur 1229 ; témoins : Robert d'Hauterive, chevalier, Robin Breer et Husore, laïcs. J'ai muni cette charte, de mon sceau. Adieu.

Hamelin d'Anthenaise, chevalier, et Savari d'Anthenaise, son père.

XLVIII.

Anno 1232, mense aprili.

Universis,... *Hamelinus de Autenoisia*, *miles*..... Noveritis cum defunctus *Savaricus de Autonoisia, pater meus*, in ultima voluntate dedisset Beate-Marie de Campania, pro salute anime sue, in perpetuam elemosinam, decem solidos annui redditus, in molendinis Jumellis, prope Taniam ; eos assignavi super censiva quam Hebertus de Baudre tenet de me,..... anno 1232, mense aprili.

(Biblioth. nationale, Cabinet des Manuscrits, *Cartulaire de l'abbaye de Champagne*, f° 47.)

TRADUCTION.

A tous,..... *Hamelin d'Anthenaise, chevalier*.... Sachez que feu *Savari d'Anthenaise, mon père*, avait donné pour le salut de son âme, et par acte de dernière volonté, à Sainte-Marie de Champagne, 10 sous de revenu annuel, en perpétuelle aumône, sur les moulins Jumeaux, sis auprès de Tennie, et que j'ai assigné cette rente sur la censive de mon tenancier Hébert de Baudre..... l'an 1232, au mois d'avril.

Hamelin d'Anthenaise; Savari, son père; Hamelin de Bouère, père de Savari; Simon, frère de Savari, et la femme, non dénommée, de Savari.

XLIX.

Januario 1234.

Omnibus,....... *Hamelinus de Altenesia, miles,* salutem in Domino. Noveritis me cartam *patris mei* inspexisse sub hac forma : « H., Dei gratia Cenomannensis episcopus, et G. de « Ruppibus, senescallus Andegavensis, universati vestrum « volumus innotescat, quod *Savaricus de Altenaisia*, in nos- « tra presentia, confessus est quod cum monachi Majoris- « Monasterii et *pater ejus Hamelinus de Boieria,* diutius liti- « gassent et postmodum compositione inter eos, confirmata « monachi res illas que in litigio fuerant pacifice tenuissent, « tandem patre defuncto prefatus Salvaricus de Altenesia « terre dominium adeptus... Post multas altercationes com- « positionem illam ratam habuit, et perpetuo concessit..... « Hanc igitur compositionem coram nobis ratam habuit « Salvaricus de Altenoisia, concedens eam a se et heredibus « suis [concedens] in perpetuum observandam..... Presen- « tem cartam sigillorum nostrorum munimine fecimus robo- « rari; ipso etiam Salvarico eidem carte sigillum suum « apponente. Pactionis testes sunt : *Symon, frater ejus*; *uxor « predicti Savarici;* Rolandus de Meral; Huo de Altaripa; « Symon de Sancto-Dionisio; Hamelinus de Laveissosere et « Petrus, frater ejus, clericus; Fulco de Lomeie; Philippus « Borrel; Gaufridus de Clahers; Johannes Rigol; Radulfus « Normant; Ernulfus de Furno et Johannes, filius ejus. » Hujus carte tenorem, sequens factum patris mei, confirmo, et ut res ista firmius servaretur, ad meam petitionem venerabilis pater noster Episcopus Cenomannensis istam cartam sigilli sui munimine confirmavit. Actum anno gratie 1234, mense januario.

Au bas est écrit : « *Scellé de deux sceaux en c. v.* [cire verte], *sur lacs de parchemin.* » A la suite sont dessinés lesdits sceaux. Celui de Savari d'Anthenaise représente *une aigle à une seule tête, au vol abaissé*. Celui de Hamelin d'Anthenaise, son fils, un *fascé nébulé, de six pièces*. Il a pour contre-scel *une aigle à deux têtes, au vol abaissé.*

(Biblioth. nationale, Cabinet des Manuscrits, *Cartulaire de Marmoutier*, t. II, f°s 449 et 450.)

TRADUCTION.

A tous,...... *Hamelin d'Anthenaise, chevalier*, salut dans le Seigneur. Sachez qu'une charte de *mon père*, conçue en ces termes, m'a été représentée : « H., par la grâce de Dieu, évêque du Mans, et G. des Roches, sénéchal d'Anjou, voulons faire connaître à tous que « *Savari d'Anthenaise* a déclaré, en notre présence, que les moines « de Marmoutier et *son père, Hamelin de Bouère*, ayant eu de longs « débats entre eux, s'étaient finalement accordés au moyen d'une « transaction par laquelle lesdits moines avaient joui paisiblement « des choses litigieuses; et Savari se trouvant, après la mort de « son père, propriétaire de son fief, ratifia, non sans beau-« coup s'en défendre, cette transaction, et concéda à toujours « les choses qui en faisaient l'objet......... En conséquence, « Savari d'Anthenaise a ratifié [de nouveau] cette transaction par « devant nous, promettant que lui et ses héritiers l'observeraient « perpétuellement.... Nous avons muni cette charte, de nos sceaux, « et Savari y a, de même, apposé le sien. Furent témoins de ladite « convention : *Simon, frère de Savari*, et *la femme de Savari*; Huon « d'Hauterive; Simon de Saint-Denis; Hamelin de la Vaisousière et « Pierre, son frère, clerc; Foulques de Lomeie; Philippe Borrel; « Geoffroi de Clahers; Jean Rigol; Raoul Normand; Ernulfe Dufour « et Jean, son fils. » Imitant l'exemple de mon père, je confirme, moi, la teneur de cette charte; et pour que ce fait demeure plus ferme et plus stable, à ma prière notre vénérable père l'Évêque du Mans la confirme à son tour par l'apposition de son sceau. Fait l'an de grâce 1234, au mois de janvier.

Hamelin d'Anthenaise, fils de Savari.

L.

Maio 1238.

Omnibus sancte matris Ecclesie filiis, Gaufridus, Cenomannensis Ecclesie minister humilis, salutem. Paci et tranquillitati abbatie Sancte-Marie de Campania providere curantes, confirmavimus omnia que ex donatione pie recordationis Raginaldi, Hamelini, Nicholaï, Mauricii et Gaufridi predecessorum nostrorum, quondam episcoporum Cenomannensium, adepti sunt, sive ex largitione altera. Ex dono videlicet bone memorie Fulconis Ribole, avunculi nostri, per manum Raginaldi, Cenomannensis episcopi, locum abbatie et edificia, et terram a chemino de Auvers,.... etc...; — ex dono Gervasii de Curia-Cesaris, militis, decimam de Corberia, cum assensu et confirmatione Mauritii,...... in saltibus de Colens, a chemino Cenomanni usque ad castrum de Colens, a bone memorie Gaufrido, quondam Cenomannensi episcopo, contra Guillelmum, dominum de Colens, eisdem adjudicato; — ex dono dicti Guillelmi de Colens, v solidos pro anima defuncte Lucie, uxoris sue; — ex dono Gaufridi Bouquerel, de Conlia, militis, decimam in parrochia de Novilla-Laales; — ex dono Guillelmi, domini de Montegerouli, assensu Raginaldi, clerici, fratris ipsius, decimas in parrochia de Hambers, per litteras H., episcopi Cenomannensis; — ex dono pie memorie Gaufridi de Loudunio, patris mei, vineam in territorio de Baugeio, in feodo F. Ribole; — ex dono Andree, domini de Curia-Cesaris, chochagium in nemore de Coivronio, quod contulerant Ric. Legerii et Mathea, soror Hamelini de Chaurcis; — ex dono *Savarici*, x solidos quos *Hamelinus de Autenoisia, dicti Savarici filius*, dederat; — ex dono defuncti Patritii de Chaurcis, unam quadrigatam cum duobus equis lignorum mortuorum humi, singulis diebus, in nemore suo de Chaurcis, prout in terris ipsius, et filiorum suorum Pagani et Patritii,...... anno 1238, mense maio.

(Biblioth. nationale, Cabinet des Manuscrits, *Cartulaire de l'abbaye de Champagne*, fo 20.)

TRADUCTION.

A tous les enfants de notre sainte mère l'Eglise, Geoffroi, humble ministre de l'Eglise du Mans, salut. Jaloux de pourvoir à la paix et à la tranquillité de l'abbaye de Sainte-Marie de Champagné, nous lui avons confirmé toutes les acquisitions qu'elle a réalisées par suite des donations de nos prédécesseurs les évêques du Mans, de pieuse mémoire, Renaud, Hamelin, Nicolas, Maurice et Geoffroi, ou de toutes autres personnes. Ainsi : le don fait par notre oncle Foulques Riboul, de bonne mémoire, entre les mains de Renaud, évêque du Mans, d'un emplacement et d'édifices pour l'abbaye, et d'une terre s'étendant du chemin d'Auvers,.... etc.....; — le don fait par Gervais de Courceriers, chevalier, de la dime de la Courberie, avec l'assentiment et la ratification de Maurice,...... dans les bois de Coulans, depuis le chemin du Mans jusqu'au château de Coulans, suivant l'adjudication qu'en a faite aux dits moines, à l'encontre de Guillaume, seigneur de Coulans, feu Geoffroi, de bonne mémoire, évêque du Mans; — le don fait par ledit Guillaume de Coulans, de 5 sous, pour l'âme de sa défunte épouse Lucie; — le don fait par le chevalier Geoffroi Bouquerel, de Conlie, d'une dîme en la paroisse de Neuvillalais;—le don fait par Guillaume, seigneur de Montgeroult, avec l'assentiment du clerc Renaud, son frère, et par lettres de H., évêque du Mans, de dîmes en la paroisse de Hambers; — le don fait par mon père Geoffroi de Loudun, de pieuse mémoire, d'une vigne au territoire de Baugé, dans le fief de F. Riboul; — le don fait par André, seigneur de Courceriers, du droit de chauffage, que lui avaient transmis, dans le bois de Coivron, Richard Léger et Mathée, sœur d'Hamelin de Chaources; — le don de 10 sous, fait par Savari et délivré par *Hamelin d'Anthenaise, son fils*; — le don fait par feu Patrice de Chaources, d'une charretée, à deux chevaux, de bois mort à ramasser chaque jour dans son bois de Chaources, ainsi que dans ses terres et celles de ses fils Payen et Patrice,..... etc.,.... l'an 1238, au mois de mai.

Hamelin, seigneur d'Anthenaise.

LI.

Anno 1239.

Universis presentes litteras inspecturis, *Hamelinus dominus de Altanasia*, salutem in Domino. Sciant, tam presentes quam futuri, quod ego dedi et concessi in puram et perpetuam elemosinam, abbacie et monialibus de Bono-Loco, Cisterciensis ordinis, pro salute anime mee et antecessorum et successorum meorum, x sol. Turon. annuatim redditus post decessum meum, in molendino meo de Spinou, in crastino Nativitatis Domini recipiendos; et si forte solucio dicte pecunie retardaretur ultra dictam diem, volui et concessi quod heredes mei, vel quicumque molendinum in manu teneret, dictis monialibus vel earum nuntio ultra dictum terminum expectantibus, tenerentur in expensis resarcire. In cujus rei testimonium presentes litteras sigilli mei munimine confirmavi. Actum anno Domini M° CC° XXX° IX°.

Au bas est écrit : « *Avec un sceau pendant en lemnisques.* »
En marge est écrit : « *Archives de l'abbaye de Bonlieu.* »

(Biblioth. nationale, Cabinet des Manuscrits, *Recueil de dom Housseau*, t. VII, n° 2844.)

TRADUCTION.

A tous ceux qui verront les présentes lettres, *Hamelin, seigneur d'Anthenaise,* salut dans le Seigneur. Sachent tous, présents et futurs, que j'ai donné en pure et perpétuelle aumône à l'abbaye et aux religieuses de Bonlieu, de l'ordre de Citeaux, pour le salut de mon âme et des âmes de mes prédécesseurs et successeurs, 10 sous tournois de revenu annuel après mon décès, à percevoir, la veille de Noël, sur mon moulin d'Épineu. Et s'il arrivait que le paiement de cette rente eût lieu plus tard que l'échéance indiquée ci-dessus, mes héritiers ou le détenteur quelconque du moulin, je l'ai voulu et consenti, seraient tenus d'indemniser, de ce retard, les religieuses ou leur mandataire. En foi de quoi j'ai muni de mon sceau les présentes lettres. Fait l'an du Seigneur 1239.

Hamelin d'Anthenaise, chevalier.

LII.

Anno 1242.

Universis...... *Hamelinus de Altanoysia, miles....* Abbati et conventui Fontis-Danielis feodum quod acquisieram a Silvestro de Ruperrous, milite, in feodo meo de Montortier, dedi in perpetuum et quidquid juris ego et heredes mei habebamus..... Anno 1242.

Au bas est écrit : « C. J. [cire jaune]; » puis se voit le dessin du scel et contre-scel d'Hamelin. Sur le scel, un *écu vairé, de cinq tires*, avec cette légende : « S. *Ha*.....*nosia*. » Sur le contre-scel, *une aigle éployée, au vol abaissé*, et pour légende : « S. *Hamelini de*.... »

(Biblioth. nationale, Cabinet des Manuscrits, *Cartulaire de l'abbaye de Fontaine-Daniel*, f° 46.)

TRADUCTION.

A tous,..... etc.,..... *Hamelin d'Anthenaise, chevalier*,...... J'ai donné à perpétuité, à l'abbé et au couvent de Fontaine-Daniel, la terre que j'avais acquise du chevalier Silvestre de Rouperoux, dans mon fief de Montortier, ainsi que tous les droits que moi et mes héritiers pouvions y prétendre...... L'an 1242.

Savari d'Anthenaise, rappelé comme défunt.

LIII.

Die 25 junii 1247.

Universis,.... etc.,... Officialis Cenomannensis,..... etc.... Noverint universi, quod cum defunctus Hamelinus Gonbaut, avus ipsius Hamelini, qui monachus est, concessisset coram defuncto *Savarico de Autonosia*, domino suo principali, abbati et conventui de Campania, pratum quod fuerat Berengarii Gonbaut, nomine elemosine,.... etc..... Et cum super premissis inter dictos abbatum et conventum et dictum Hamelinum Gonbaut, qui monachus est, diutius contentio verteretur, tandem fuit compositum..... Anno 1247, in crastino Nativitatis B. Johannis Baptiste.

(Biblioth. nationale, Cabinet des Manuscrits, *Cartulaire de l'abbaye de Champagne*, f° 52.)

TRADUCTION.

A tous,.... etc.,..... l'Official du Mans,..... etc..... Sachent, tous, que feu Hamelin Gombaut, aïeul du moine Hamelin, avait concédé, à titre d'aumône, en présence de feu *Savari d'Anthenaise*, son seigneur principal, à l'abbé et au couvent de Champagne, le pré ayant appartenu à Bérenger Gombaut,..... etc...... Après de longs débats entre le couvent et le moine Hamelin Gombaut, relativement à cette donation, les parties se sont enfin accordées......... L'an 1247, le lendemain de la Nativité de saint Jean-Baptiste.

Hamelin d'Anthenaise, chevalier.

LIV.

De l'an 1250.

Lettre de Isabelle, dame de Craon, séneschalle d'Anjou, recognoissant qu'à sa prière la reine Blanche a baillé en garde les châteaux de Sablé et *Diexede* (1), de Roche-aux-Moines et de Chantocé, à Bernard, seigneur de la Ferté, et *Hamelin d'Antenoise*, chevalièrs, et promet qu'ils remettront en la main du Roy, ou de Charles, comte d'Anjou, ou autre pour lui, lesdits châteaux quand il leur plaira; et, pour plege, donne Jacques de Château-Gontier pour 1,000 ᵗᵗ, Girard de Sacy et Aymery de Capraia, chevaliers. L'an 1250.

Scellé.

(Biblioth. nationale, Cabinet des Manuscrits, *Recueil de dom Housseau*, t. XX, cahier intitulé : *Extrait de l'inventaire du Trésor des Chartes du Roy*, f[ot] 24, v[o].)

Hamelin, chevalier, seignèur d'Anthenaise et de Bazougers.

LV.

Julio 1259.

Universis,..... etc.,..... *Hamelinus*, *dominus de Altonosia et de Basogeis*, *miles*, salutem. Concedimus abbat et conventui Majoris-Monasterii Turonensis, quod si aliquid occupavi-

---

(1) Le château de Dieusie, à Rochefort-sur-Loire, presque entièrement détruit par les Anglais, vers le milieu du xve siècle.

mus aut levavimus, seu occupari aut levari fecimus per supprisiam a prioratibus, locis et hominibus eidem monasterio subjectis, etiam occasione prediorum que homines dictorum religiosorum a militibus nostris tenent, nolumus quod per hoc eorum juribus et libertatibus in posterum prejudicium generetur,...... etc....... Anno Domini 1259, mense julio.

Scel perdu.

(Biblioth. nationale, Cabinet des Manuscrits, *Cartulaire de Marmoutier*, t. I, f° 173.)

TRADUCTION.

A tous,.... etc.,...... *Hamelin, chevalier, seigneur d'Anthenaise et de Bazougers*, salut. Nous avons déclaré à l'abbé, puis au couvent de Marmoutier, de Tours, que si, par surprise, nous avons fait ou fait faire des emprises de terrains, ou des levées de deniers, sur les prieurés, les localités et les hommes dépendant de ladite abbaye, ou même à l'occasion des héritages que les hommes de l'abbaye tiennent de nos chevaliers, nous ne voulons pas que, dans l'avenir, cela puisse causer quelque préjudice pour leurs droits et pour leurs franchises, ... etc......... L'an du Seigneur 1259, au mois de juillet.

Hamelin, seigneur d'Anthenaise.

LVI.

Junio 1260.

Universis presentes litteras inspecturis, *Hamelinus, dominus Altenosie,* salutem in Domino. Noveritis quod nos, amore Dei et pietatis intuitu, ac pro servicio suo nobis fideliter impenso, Odeline de Mondain, domicelle nostre, dedimus in puram et perpetuam elemosinam, L solidos Turonenses annui redditus, super medietaria nostra de Bureio, sita in parrochia de Roizeio, ad faciendam suam plenariam voluntatem, habendam quolibet anno ad festum Omnium Sanctorum, et ad hoc obligo me et heredes meos.

Et ut hec donatio robur obtineat firmitatis, ego Hamelinus dicte Odeline meas presentes litteras dedi sigillo meo sigillatas. Actum anno Domini M° CC° sexagesimo, mense junio.

Au bas est écrit : « *Il y a eu un sceau perdu.* »

En marge est écrit : « *Archives de l'abbaye de Bonlieu.* »

(Biblioth. nationale, Cabinet des Manuscrits, *Recueil de dom Housseau*, t. VII, n° 3138.)

TRADUCTION.

A tous ceux qui verront les présentes lettres, *Hamelin, seigneur d'Anthenaise*, salut dans le Seigneur. Sachez que, par amour de Dieu et par un sentiment de piété, nous avons donné en pure et perpétuelle aumône, à damoiselle Odeline de Mondain, notre vassale, pour nous avoir fidèlement servi, 50 sous tournois de revenu annuel sur notre métairie de Buré, sise paroisse de Roizé, afin qu'elle dispose en pleine liberté de cette somme et la perçoive chaque année, à la Toussaint; ce à quoi je m'oblige, moi et mes héritiers. Et pour que cette donation acquière force de durée, j'ai livré à ladite Odeline, moi Hamelin, les présentes lettres scellées de mon sceau. Fait au mois de juin, l'an du Seigneur 1260.

Hamelin d'Anthenaise, chevalier, oncle d'Hamelin et d'Yvon le Franc, chevaliers; il est rappelé comme défunt.

LVII (1).

Février 1260.

Sachent tuit cil qui ces presentes leitres verront et orrunt, que cumme amiable demande fust entre Yvon le Franc, chevalier, d'une partie, et son heinné freire Henmelin le Franc,

---

(1) L'original de cette précieuse charte est classé dans une collection de documents angevins, qu'en 1855 la Bibliothèque de notre ville fit acheter à Bruxelles. Le tout — 176 pièces formant deux volumes — provenait du cabinet du bibliophile Jacob. D'importance extrême pour les d'Anthenaise, ce titre nous eût cependant échappé, sans l'obligeante indication, et nous tenions à l'en remercier ici, d'un érudit écrivain, lauréat de diverses Académies : M. Gustave d'Espinay, conseiller à la Cour d'Appel d'Angers.

chevalier, de l'autre partie, sus la partie qui aveneit à il celui Henmelin en l'eritage dou peire et de la meire, à ceus freires, et sus l'eschaeste (1) de *feu Henmelin d'Anthenaise, chevalier,* lor oncle, et sus une aumousne feite de la terre de Brée, o (2) les apartenances, à celui Henmelin le Franc, chevalier, laqueile feu Henmelin le Franc, chevalier, peire à ceus freires, avait donné audit Henmelin. A la parfin (3), en nostre presence establiz, celui Yvon et ledit Henmelin, chevaliers et freires, de la volenté de lor cuers (4) et dou conseil de lor anmis, firent emsemble amiable peiz de toutes les chouses devant dites, esceupté le don de Beaulou (5) et des apartenances, lequeil feu Henmelin d'Anthenaise, chevalier, lor uncle, avait donné audit Henmelin le Franc, chevalier, en teile maneire que ledit Yvon donna à celui Henmelin, son ainné freire, et à ses heirs, por bone pez, heritaument à porsaair (6) : Poligné, o les apartenances, qui est en la parroisse de Bouchamp; — et le Fresne, qui est en la parroisse de Sace, o les apartenances; — et Cummez, o les apartenances, qui est en la terre de Maene; — et le Cheaing, o les apartenances, qui est en la parroisse de la Basoge, à tenir des seignors d'iceus fées (7) o les serviges (8) deuz des chouses devant dites. Et donna celui Yvon, à celui Henmelin, son ainnié freire, et à ses heirs : le molin de Feumuçon, qui est sus Poligné; — et le molin Guillaume le Mousnier, qui est desouz les molins de la Bazoge; — et le pré et la terre de la Guichardière; — et le boys de la Mote, o toutes les apartenances, esceuptez les cens de Chemeré; — et le passaige d'Arve; — et la metaerie de Buron; et sunt, ces chouses données, en la parroisse de la Basoge; — et son fé ou boys de Saugé, a touz ses usages, et le panage à ses poairs (9), à useir en tous les leus (10) devant diz; — et huit livres de tornoiz sus le molin de Thevale, de rente, qui est en la parroisse de Chemeré, en teile maneire que ceu Henmelin le

(1) *Eschaeste* : succession.
(2) *O* : avec.
(3) *A la parfin* : pour la conclusion.
(4) *Cuers* : cœurs.
(5) *Beauleou* : Beaulieu.
(6) *Porsaair* : posséder.
(7) *Fées* : fiefs.
(8) *Serviges* : services.
(9) *Poairs* : volontés.
(10) *Leus* : lieux.

Franc, o son certain aloé (1), le jor de la feste sainct André, chiescun an, porrunt prendre la cleif de la huge d'icelui molin, et les essues (2), ne celui Yvon, ne le sens des lozes (3) d'icelui molin, ne des essues, ne porrunt riens leveir (4) jusqu'à la vehue au seignor de Thevale, homme à fai (5) à celui Yvon, que la valor des huit livres seit feite enterigne (6) paié audit Henmelin et à ses heirs, à tenir doudit Yvon, et de ses heirs, heritaument en franc parage, se il celui Henmelin a heirs de femme espouze. Et se il celui Henmelin n'aveit heirs de femme espouze, si cumme il est dit, toutes les chouses devant dites, enprès la mort audit Henmelin, à celui Yvon et à ses heirs enterignement remaindront (7), escepté que celui Henmelin, dès sa mort, aura touz les fruiz et les essues des chouses devant dites, jusqu'à la fin de trais ans, à sa volenté faere, et à paier les deites et les lés à celui Henmelin. Et est tenu, il celui Yvon, audit Henmelin et à ses heirs, se il a heirs de femme espouze, si cumme il est dit, les chouses devant dites garanteir et defendre contre touz, tant cumme drait (8) donra. Et oblige, ledit Yvon, sai et ses heirs, et touz ses biens meubles et immeubles, audit Henmelin et à ses heirs, quant à la defensse des chouses devant dites et desdites chouses desus nonmées; et de toute la draiture et la seignorie qu'il celui Yvon avait en celes chouses, ou poait avair, par devant nous se desseisit; et celui Henmelin, des chouses devant dites par devant nous seisit o sa mein; et toute la dreiture, et la seignorie, et la propriété, et la posession que celui Yvon avait ou poait avair en il celes chouses, balla à celui Henmelin. Et celui Henmelin, o les chouses devant nonmées de tout l'eritage au peire et à la meire, à celui Yvon et audit Henmelin, et de l'eschaeste feu Henmelin d'Anthenaise, chevalier, et des conquestes que firent le peire et la meire à ceus freires en lor mariage, et de toutes les achaestes qui es chouses devant dites porraient

(1) *Aloé :* mestayer.
(2) *Essues :* le son, la recoupe, etc.
(3) *Lozes :* pêcheries.
(4) *Leveir :* prendre.
(5) *Fai :* foi.
(6) *Enterigne :* entière.
(7) *Remaindront :* resteront.
(8) *Drait :* droit.

heritaument avenir, ou par reison des dites chouses, par devant nous se tint, le dit Henmelin, plenierement por paié o les chouses que le dit Yvon li a ballées, qui sunt par devant dites. Et ainsi celui Henmelin, ne ses heirs, en toutes les chouses devant dites, esceuptées il celes chouses qui sunt ballées audit Henmelin, et li remaindront, si cumme il est dit, par ous (1) ne par autres, riens des ore en avant ne demanderont, si n'est par reison de leal achaeste, qui vienge (2) de par celui Yvon, ou de ses heirs, à celui Henmelin et à ses heirs, se il les a de femme espouse, si cumme il est dit. Et, nous, toutes ces dites chauses, à la requeste des parties ainron à tenir. Et avon saelees ces presentes leitres ou sael de la cort Monseigneur le conte d'Anjou. Ce fut donné ou mais de fevrier, en l'an deu l'Incarnacion Nostre Seignor mil dous cenz et saixante.

Copié, puis collationné, sur l'original, en parchemin. Scel perdu.

(Bibliothèque d'Angers, manuscrit n° 859, intitulé : *Chartes et pièces originales relatives à l'Anjou*, t. I, f° 2.)

Alix d'Anthenaise, rappelée comme défunte.

LVIII.

Du 30 août 1382.

A tous...... Vidimus..... A tous,..... etc.,.... Guillaume, sire de Tuscé, chevalier, salut. Comme nous fussions tenus rendre et paier à l'abé et couvent de Notre-Dame de Champagne, pour cause de donations et aumosnes de nos devantiers, pour cause d'estre ensepulturez en leur abbaie, et pour estre acuillis en tous les biens fez, prieres, messes et aumosnes en la dite abaye : Premierement, 25 sous de don par testament de madame *Aliz de Altenoise*, 25 sous de don

(1) *Ous* : eux. (2) *Vienge* : viennent

feu mons. Hue de Tuscé, par son testament; — Item, avec ce fussons tenus ausdits religieux paier chacun an 25 sous de rente sur mes cens de Conlie, comme par lettres sellées du seau Fouquet, seigneur de Tuscé, en l'an 1246; — Item, en 20 sous de rente, données par testament de Ysabel de Noufvillette, dame de Courmenant; — Item, en 50 sous de rente donez par testament de Ysabel de Courmenant, notre ante (1), sur les cens de Chausaint; — Item, en 20 sous de rente donnez par testament de Fouquet de Courmenant, notre oncle, en la paroisse de Tanie; — Nous, devant dit Guillaume de Tuscé, leur donnons pour cela 4 ₶ de rente sur la metairie des Grez, paroisse de Tanie, et 10 journels de terre en la paroisse de Nouvillelales (2), en notre fié, et ce, au lieu des rentes que nous leur estions tenus... Le sabmedy après la Décollation de sainct Jean-Baptiste 1382.

(Biblioth. nationale, Cabinet des Manuscrits, *Cartulaire de l'abbaye de Champagne*, f° 52.)

Henri d'Anthenaise, écuyer.

LIX.

Du 8 août 1383.

« *Henri d'Antenoize*, écuyer, fit montre, avec huit autres écuyers de sa compagnie, le 8 août 1383, se rendant à l'armée du Roi, en Flandre, pour le fait de Bourbourg. »

(Biblioth. nationale, Cabinet des Manuscrits, n° 2342, *État des maisons des Rois de France*, f° 496.)

---

(1) Notre *ante :* notre tante.

(2) Neuvillalais, près Conlie (Sarthe).

Henri et Raoul d'Anthenaise, chevaliers croisés.

LX.

« Geoffroi IV de Mayenne, fils de Juhel, se croisa en 1158, à Mayenne, avec 108 gentilshommes Manseaux et Angevins, dont 35 seulement revinrent au mois de novembre 1162, suivant le Catalogue de frère Jean, bénédictin de la Futaye, dressé en 1663. »..... Au nombre de ces gentilshommes, se trouvaient : « *Henri de Aultanosa* et *Raoul de Altanasia.* »

(Extrait de l'*Histoire de Sablé*, de Ménage, p. 179, et du *Dictionnaire historique du Maine*, du chanoine le Paige, t. II, pp. 299-301.)

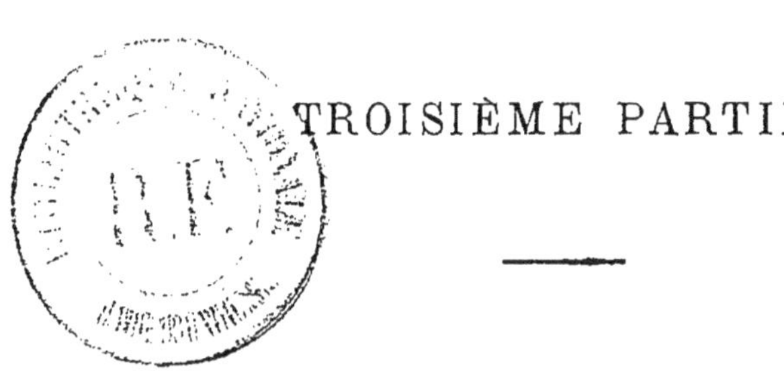

TROISIÈME PARTIE.

TABLES ALPHABÉTIQUES

1. par Prénoms, des d'Anthenaise.
2. des Familles alliées.
3. des Fiefs.
4. des autres Personnes citées.
5. des Matières.

Ire TABLE.

CLASSEMENT PAR PRÉNOMS,

AVEC INDICATION DES FILIATIONS,

DES MEMBRES DE LA MAISON D'ANTHENAISE.

HOMMES.

FEMMES.

IIe TABLE.

FAMILLES

ALLIÉES AUX D'ANTHENAISE

ET

PETIT ARMORIAL

LES CONCERNANT.

NOTA. — La date exacte des mariages n'étant pas toujours connue, on indique seulement, ici, le siècle dans lequel ils ont eu lieu, renvoyant à la *Généalogie* pour en trouver le millésime présumé, ou positif. Mais l'on a cru devoir reproduire les 42 armoiries d'alliances déjà données en la Ire partie, pour les Chefs de Rameau, parce qu'il était possible, ainsi, de présenter un tout complet sur les Familles alliées, et de combler certaines lacunes, notamment pour l'écusson des *de Loppée*, que nous avons fini par rencontrer, après l'avoir regardé comme introuvable.

(1) Voir, à la fin de la présente Table, les noms des Recueils d'où sont extraites toutes ces Armoiries.

du Buat (Normandie et Anjou), XIXe siècle.................. 60

Porte : Branche d'Anjou : D'azur à trois quintefeuilles d'or posées 2 et 1. (Audouys.) — *Branche de Normandie :* Écartelé : aux 1 et 4 d'azur à l'escarboucle pommetée et fleurdelysée d'argent; aux 2 et 3 d'azur à trois bandes d'or (De Magny.)

de Cantineau (Touraine, Anjou, Poitou), XVIIIe siècle......... 58

D'argent à trois molettes d'éperon, à cinq rais, de sable. (Audouys, C. de Busserolle.)

de Carrel (Normandie), XVIe siècle 39

D'azur à trois carreaux d'or; — *ou :* D'hermines à trois carreaux de gueules. (De Magny.)

de Cervon (Anjou), XVIe siècle 39, 40

D'azur au cerf saillant d'or. (Audouys.)

du Challet (Beauce), XVIIIe siècle............................ 48

D'azur à trois chevrons d'argent l'un sur l'autre, accompagnés de trois étoiles d'or, 2 en chef, 1 en pointe. (J. d'Eschavannes.)

Chamaillart (Maine), XIIIe siècle.......................... 31-33

Armes primitives : Trois annelets, posés 2 et 1. (Sceau du XIIe siècle. C. de Busserolle.)

de Champagne (Maine et Anjou), XVIe siècle................. 44

De sable fretté d'argent au chef du même, chargé d'un lion issant de gueules. (Audouys, Cauvin.)

de Chandebois (Normandie), XVIIe siècle 47

D'azur à trois croissants d'argent, au chef cousu de gueules et chargé d'un demi-vol d'aigle d'or entre deux membres de griffon adossés, du même. (De Magny.)

de Chaourches (Touraine), XIIIe siècle. 27, 116, 117, 118, 125, 129, 130

Armes inconnues. Famille noble, éteinte au XIIIe siècle.

de la Chapelle de Varennes (Maine), XVIe siècle......... 39, 43

D'or à la croix de sable. (Audouys.)

de Charnacé (Anjou), XVIIe siècle 51

D'azur à trois croisettes pattées d'or. (Audouys.)

du Chastel (Normandie), XVIIe siècle 47

D'or à trois tours de gueules. (De Magny.)

de Chauvigné, de Chevigné (Maine), XVIe siècle............. 43

De sable à quatre fusées accolées, mises en fasce, accompagnées de six besants, 3 en chef et 3 en pointe, le tout d'or. (Cauvin.)

Chemin (Anjou), XVIIIe siècle.................................. 50

D'argent à la croix de gueules, posée sur deux degrés de sable; l'écu cantonné de quatre croissants d'azur. (Audouys.)

le Fleuriel (Normandie), XVIIe siècle........................ 50

Porte : D'argent au chevron de gueules, accompagné de trois quintefeuilles du même. (D'Hozier.)

de Fontaines (Normandie), XVIe siècle........................ 38

D'azur à la croix ancrée d'argent. (De Magny.)

le Franc (Anjou), XIIe siècle.................................. 29

Puissante famille éteinte au XIIIe *siècle, et qu'Emme de Laval et Mathieu de Montmorency, connétable de France, avaient dotée de la seigneurie de Montjean, à laquelle elle donna ses armes :* D'or fretté de gueules, de six pièces. (Audouys.)

du Fresne (Anjou), XVe siècle.................................. 42

D'argent au lion de gueules, lampassé, armé et couronné d'or. (Audouys.)

Fresnel du Plessis-Fresneau (Anjou), XIVe siècle........... 36

De gueules à deux fasces d'argent, accompagnées de six merlettes du même, posées 3, 2 et 1. (Audouys.)

de Froger de la Baronnière (Normandie), XVIIe siècle....... 49

D'argent à trois quintefeuilles d'azur. (Audouys.)

de Fromentières (Maine et Anjou), XVIe siècle............... 43

De gueules à deux fasces d'argent. (Audouys.)

de Froulay (Maine), XVIe siècle................................. 43

D'argent au sautoir de gueules engrêlé de sable. (Cauvin.)

de Goué (Maine et Anjou), XVIe siècle........................ 38

D'or au lion de gueules, armé et lampassé du même, surmonté d'une fleur de lys d'or. (Audouys, Cauvin.)

de Gourdon (Anjou et Bretagne), XVIIe siècle.................. 56

D'azur au croissant d'argent, accompagné de trois roses de même. (D'Hozier.)

du Grenier (Normandie), XVe siècle............................ 38

D'or au lion de gueules. (De Magny.)

de la Guerche (Maine et Touraine), XIIIe siècle............... 31

De gueules à trois lions d'argent, posés 2 et 1. (C. de Busserolle.)

de la Hautonnière (Maine), XVIe siècle........................ 38

D'or au sautoir noué de sable, cantonné de quatre étoiles de gueules. (Cauvin.)

de la Haye de Brissarthe (Anjou), XVIe siècle................. 40

D'argent à trois bandes de sable. (Audouys.)

de la Haye de la Maillardière (Anjou et Poitou), XVIe siècle. 38

D'or à deux fasces de gueules à l'orle de neuf merlettes du même. (Audouys, de Chergé.)

ALLIANCES DONT ON NE PEUT INDIQUER NI LE NOM, NI LES ARMES, LES FEMMES QUI LES ONT CONTRACTÉES N'ÉTANT MENTIONNÉES QUE SOUS LEUR PRÉNOM.

SOURCES D'OÙ SONT EXTRAITES LES ARMOIRIES CI-DESSUS BLASONNÉES :

ANONYME : Histoire généalogique de la Maison de Quatrebarbes; manuscrit n° 991 de la Bibliothèque d'Angers.

AUDOUYS : Armorial d'Anjou; manuscrit n° 994 de la Bibliothèque d'Angers.

DE BEAUREGARD : Nobiliaire de Bretagne; 1840, 1 vol. in-8°.

LE BOUVIER, dit BERRY : Armorial de France, Angleterre, Écosse, Allemagne, Italie et autres puissances, composé vers 1450, et publié par Vallet de Viriville; 1866, 1 vol. in-8°.

C. DE BUSSEROLLE : Armorial général de la Touraine; 1867, 1 vol. in-8°, de 1208 pages.

CAUVIN : Essai sur l'Armorial du diocèse du Mans; 1840, 1 vol. in-12.

DE CHERGÉ : Dictionnaire historique et généalogique des familles de l'ancien Poitou; 1840-1854, 2 vol. in-8°.

P. DE COURCY : Nobiliaire et Armorial de Bretagne; 1862, 3 vol. in-4°.

J. D'ESCHAVANNES : Dictionnaire de la noblesse et du blason; 1844, 2 vol. in-8°.

D'HOZIER : Armorial général de France; 1696-1709, 69 vol. in-f°, manuscrits.

DE MAGNY : Nobiliaire de Normandie; 1862, 2 vol. in-4°.

DE MARLE : Recherche, en 1666, de la noblesse de la généralité d'Alençon; 1865-1866, 1 vol. in-12.

DE MAUDE : Armorial de l'ancien diocèse du Mans; 1865, 1 vol. in-12.

CH. POPLIMONT : La France héraldique; 1874-1875, 8 vol. in-8°.

IIIe TABLE.

TERRES ET FIEFS

POSSÉDÉS PAR LA MAISON D'ANTHENAISE.

IVe TABLE.

NOMS
DE LIEUX & DE PERSONNES
PROVENANT PRINCIPALEMENT DU CARTULAIRE
ET QUE NE MENTIONNENT PAS LES TABLES PRÉCÉDENTES.

NOTA. — Afin de rendre les recherches plus faciles, les noms latins du Cartulaire sont, ici, donnés en français, excepté ceux dont la traduction offre certains doutes ; mais il devient aisé de retrouver ces noms sous leur forme latine, chacune des Chartes étant suivie de sa traduction.

V

TABLE DES MATIÈRES.

IIIe Partie : Tables alphabétiques.

Achevé d'imprimer le 31 décembre 1878.

ANGERS, IMPRIMERIE LACHÈSE ET DOLBEAU, CHAUSSÉE SAINT-PIERRE.

www.ingramcontent.com/pod-product-compliance
Lightning Source LLC
Chambersburg PA
CBHW070603100426
42744CB00006B/393

9782012591806